Robert Sulzberger

Gartenkräuter

Die Deutsche Bibliothek –
CIP-Einheitsaufnahme
Ein Titeldatensatz für diese
Publikation ist bei Der Deutschen
Bibliothek erhältlich.

Bildnachweis:

Alle Fotos vom Autor außer:
AKG 6, 7, 8
Lochstampfer 3, 98/99
Reinhard 2/3, 4/5, 32/33, 34/35,
57, 59, 86/87
Seidl 31 u, 72, 84
Skogstad 13
Stein 9, 18, 26/27, 27
Sulzberger/Kopp 17, 46

Grafik: Manuela Hutschenreiter,
München

3. Auflage, Sonderausgabe

© 2002 BLV Verlagsgesellschaft
mbH, München

Umschlaggestaltung: Studio Schübel,
München
Umschlagfoto: Reinhard Tierfoto

Druck: J. P. Himmer, Augsburg
Bindung: Conzella Urban Meister,
Pfarrkirchen

Gedruckt auf chlorfrei gebleichtem
Papier

Printed in Germany ·
ISBN 3-405-16287-4

INHALTSÜBERSICHT

Geschichte und Herkunft

Kräuter sind eine Quelle der Gesundheit und des Wohlbefindens, die eigentlich jedem zur Verfügung steht. Es gab aber immer wieder Zeiten, in denen das zum Teil sagenumwobene Wissen darüber in Vergessenheit zu geraten schien, vor allem bei ungebildeteren Bevölkerungsschichten. Und immer noch leiden zahlreiche Menschen unter einseitiger Ernährung, was vielfach nur auf mangelnde Aufklärung zurückzuführen ist.

Geheimnisvolles Wissen in der Steinzeit

Die ersten Aufzeichnungen über Heilpflanzen stammen bereits aus dem Jahre 3700 v. Chr., verfaßt von dem chinesischen Kaiser Shin-Nong. Und in spätsteinzeitlichen Siedlungen Europas wurden Kräutersamen gefunden, was auf deren frühen Anbau hindeutet. In diesem Zusammenhang wird immer wieder die Frage gestellt, woher die Menschen damals, ohne analytische Möglichkeiten und Kenntnisse von den Inhaltsstoffen, über die Heilkräfte der Pflanzen Bescheid wußten. Die Erklärung, daß sie durch Erfahrung die Schäden, aber auch die wohltuenden Wirkungen kennenlernten, ist nicht zufriedenstellend, auch wenn es unserem heutigen Denken und

Naturbelassene pflanzliche Heilmittel werden nach Galen, einem bedeutenden Arzt der Antike, »galenisch« benannt.

Das Wissen über heilkräftige Kräuter geht weit zurück und wurde von Gelehrten und Geistlichen vertieft.

unseren heutigen Methoden nahekommt. Vielmehr muß man davon ausgehen, daß sich die frühgeschichtliche Menschheit noch näher am Ursprung allen Seins befand, sozusagen einen direkten Draht zum »kosmischen Wissen« hatte. Man kann sich vorstellen, daß zumindest einzelne Personen »sehend« waren und intuitiv die Kräfte einer Pflanze erkennen konnten – ebenso wie viele Tiere, von denen bekannt ist, daß sie bei Krankheit instinktiv eine Vorliebe für die richtigen Kräuter entwickeln. Wer wollte leugnen, daß auch der Mensch über Instinkte verfügt? Erst in der Zeit der griechischen Hochkultur begann der Siegeszug der rationalistischen Betrachtungsweise. Hippokrates, nach dem heute noch der ärztliche Eid benannt ist, Theophrastos, der Nachfolger von Aristoteles, Dioskurides, der durch seine Schriften 1500 Jahre später nochmals berühmt wurde, und Galeno, der Leibarzt Marc Aurels, waren Persönlichkeiten, die bis in unsere Zeitrechnung hinein richtungsweisend wirkten. Ihre Leistungen wurden vor allem durch arabische Wissenschaftler weiter verfeinert.

Mönche, Ärzte und Botaniker

In Europa wurde das Wissen über die Kraft der Kräuter vor allem in den Klöstern gepflegt. Sie sorgten auch dafür, daß zahlreiche mediterrane Pflanzen während des Mittelalters der Weg in unsere Gärten fanden. Benedikt von Nursia, Wahlafried Strabo von der Insel Reicherau und der ausgeklügelte Klosterplan von St. Gallen lieferten Meilensteine für diese Entwicklung. Die heute wieder vielzitierte Hl. Hildegard von Bingen faßte bestehendes Wissen, astrologische Kenntnisse, eigene Intuition und neue Erfahrungen zu ihren vielbeachteten Schriften zusammen. Zuvor hatte Karl der Große mit seiner berühmten Landgüterverordnung, dem Capitulare de Villis, dafür gesorgt, daß eine Vielfalt von Pflanzen – darunter ein großer Teil von Kräutern – Einzug in die bäuerlichen Gärten hielt, was sich bis heute auswirkt.

Mit den Vorträgen von Pfarrer Kneipp begann eine Renaissance der Kräuterheilkunde.

Das spätere Mittelalter war die Zeit der deutschen Botaniker, welche die Heilkräuter näher untersuchten und systematisierten. Otto Brunsfels, Hieronymus Bock, Tabernaemontanus und Leonhard Fuchs leisteten wichtige Arbeit, unterstützt durch den italienischen Arzt Matthiolus, der Dioskurides Schriften neu bearbeitete. Anfang des 16. Jahrhunderts prägte der deutsche Arzt Theophrast Bombastus von Hohenheim, besser bekannt als Paracelsus, das Wissen um die Heilkräuter.

Im Anschluß an die Entdeckung Amerikas hielten einige Pflanzen aus der neuen Welt bei uns Einzug. Ende des 18. Jahrhunderts schließlich gelang es der mechanistischen Weltsicht endgültig, die bisherige, die sich aus Erfahrung, Mystik und Intuition speiste, abzulösen.

Die Bedeutung der Kräuter

Mit dem Anbruch des wissenschaftlich-technischen Zeitalters gerieten ganzheitliche Betrachtungen, auch der Pflanzen, in den Hintergrund. Die Aufmerksamkeit widmete sich fortan den Wirkstoffen, die man nun durch Analysen ermitteln konnte. Ein deutscher Apotheker war einer der Pioniere, als er den Wirkstoff des Schlafmohns isolierte und Morphium nannte.

Es war für die Wissenschaftler faszinierend, die Wirkungsweisen pflanzlicher Heilmittel im Detail verfolgen und chemische Prozesse im Labor nachahmen zu können. Mancher Aberglaube wurde hierbei ausgeräumt, um andererseits bisher nur vermutete Zusammenhänge zu bestätigen und zu erklären. Die Medikamente ließen sich gezielter einsetzen. Darüber hinaus wurden neue verblüffende Erkenntnisse gewonnen: Die Wirkstoffe waren Endprodukte eines sekundären Stoffwechsels.

Dabei werden nicht Energie und Masse für die Pflanze produziert, was die primäre Aufgabe wäre, sondern überschüssige Nährsubstanzen in unschädlicher Form im Gewebe eingelagert. Diese »Abfallprodukte« des Stoffwechsels verleihen den Pflanzen oft genug besondere Fähigkeiten innerhalb ihrer Lebensgemeinschaften und sind verantwortlich für den typischen Duft oder andere charakteristische Eigenschaften.

Von Wirkstoffen und dem Wesen der Pflanzen

Wenn man heutzutage Heilkräuter nur noch durch ihre nachgewiesenen Inhaltsstoffe und erklärbaren Wirkungen definiert, so sind wir in einer Sackgasse der analytischen Betrachtungsweise angelangt. Die Pflanzen werden dadurch auf bekannte Chemikalien reduziert, ihr Wesen wird vernachlässigt, »das geistige Band fehlt«, wie Goethe anmerkte. Denn nicht die noch so genaue Beschreibung der Inhaltsstoffe, auch nicht der äußeren Gestalt, vor oder während der Blüte, kann das Wesen einer Pflanze wirklich erfassen. Jede Pflanzenart repräsentiert eine Kraft, eine geistige Idee, die sich durch ihre ganze Entwicklung zieht und bereits im Keim, im Samen angelegt ist. Besonders verblüffend sind manche Analogien, die sich analytisch nicht erklären, aber etwas von der Weisheit der Schöpfung erahnen lassen. In den letzten Jahren wurde zum

Beispiel festgestellt, daß Sonnenlicht die Psyche erhellt, während die winterliche Mangelzeit bei manchen Menschen depressive Stimmungen aufkommen läßt. Die Blüten des Johanniskrauts erinnern mit ihren goldgelben Tellern und den zarten Strahlen an kleine Sonnen. Ihre Inhaltsstoffe wirken tatsächlich beruhigend und antidepressiv. Man kann sich also das Bild ausmalen, daß das Johanniskraut an seinen trockenen Standorten am Weg- oder Gehölzrand die Kräfte des Sonnenlichts einfängt und seine Wirkungen weitergibt. Der Überraschungseffekt: Auch bei Überdosierung bleibt das Bild stimmig – dann nämlich verursacht

das Johanniskraut die Symptome eines Sonnenbrands und Sonnenstichs!

Ein etwas einfacheres Beispiel bietet der Lavendel: Bei ihm kann man eine Übereinstimmung der Wirkungen feststellen, was sowohl die Blütenfarbe betrifft als auch den Duft sowie die pharmakologischen Inhaltsstoffe – alle werden gleichermaßen als kühl-beruhigend beschrieben. Solche Beispiele ließen sich umfangreich erwei-

Chemische Analysen ermöglichen Detailwissen, aber die Ganzheitlichkeit geht verloren.

tern und vertiefen. Insbesondere die Geisteswissenschaft nach Rudolf Steiner hat hierfür die Sinne sensibilisiert und Anschauungen entwickelt. Unter anderem werden dabei auch die kosmischen Einflüße der Gestirne in das Gesamtbild integriert.

Jede Pflanzenart verdient unsere Achtung als Mitgeschöpf. Bei den Heil- und Würzkräutern jedoch ist die Kraft mehr geistiger Natur als bei den Arten mit mehr Nähr-, aber weniger ausgeprägten Wirkstoffen. Deshalb stehen sie auch in engerer Verbindung mit dem körperlichen und seelischen Wohlbefinden des Menschen.

Die Blüten des Johanniskrauts speichern Sonnenkraft: Überdosierung führt zu Symptomen, die dem Sonnenstich ähnlich sind.

Renaissance der Kräuterkräfte

In den wenigen intakten archaischen Kulturen der Dritten Welt bestimmen heute noch kräuterkundige »Zauberer« die Medizin. Bei uns erfreut sich die Naturheilkunde, trotz lauter Gegenstimmen aus dem öffentlich-rechtlichen Gesundheitssystem, steigenden Zulaufs. Schon bei Pfarrer Kneipp, einem der Väter naturkundlicher Heilverfahren, spielen die Kräuter eine wesentliche Rolle. Um deren milden Heilkräfte kommt heute kein Schulmediziner mehr herum. Und weil auch die Ernährungswissenschaftler ihr Wissen immer zielstrebiger an den Verbraucher bringen, nehmen heute Kräuter einen wichtigen Stellenwert im Gesundheitsbewußtsein ein.

Natürlich gibt es auch mit Kräutern Schwierigkeiten. Eine Pflanze enthält immer ein ganzes Paket von Wirkstoffen. Die aufeinander abgestimmte Vielzahl an Substanzen kann einer-seits unerwünschte Nebenwirkungen des Reinwirkstoffs abpuffern. Andererseits sind die komplexen Gemische, die an verschiedenen Standorten variieren können, schwieriger zu handhaben. Da erst die Dosis das Gift macht, wie man seit Paracelsus weiß, können die als heilwirksam bekannten Präparate außerdem in zu hoher Dosierung schädlich sein. Deswegen bleibt die Anwendung von Heilmitteln für Laien beschränkt. Bei kleineren Wehwehchen kann man durchaus zum Hausmittel greifen, um mit etwas eigenem Wissen und Geduld den Gang zum Doktor zu ersparen. Aber ein Kräutergarten-Buch wie dieses kann keinesfalls die Anleitung zur Selbstmedikation sein, was schon alleine aus rechtlichen Gründen unzulässig ist. Für die tiefergehende Beschäftigung mit den Heilkräften der Kräuter kann es nur Anregungen geben. Auch Spezialgebiete wie Dufttherapie oder Homöopathie verdienten sicherlich eine ausführliche Erwähnung. Es würde aber den gegebenen Rahmen sprengen, wenn man solch komplexen Themen hier gerecht werden wollte.

Das Buch soll vor allem Hinweise zum artgerechten Anbau und zur schonenden Verarbeitung geben. Und im Garten betören Kräuter nicht nur die Passanten mit ihrem aromatischen Duft, sondern sind auch beliebte Mischkultur-Partner und dienen sogar für Dünge- und Pflanzenschutzmaßnahmen.

Der Rote Fingerhut liefert ein starkes Herzmedikament, das sich nicht für den Hausgebrauch eignet.

Gegen (fast) jede Krankheit ist ein Kraut gewachsen

Auch das Artenspektrum der Heilpflanzen kann hier nur angeschnitten werden. Arnika, der Bergwohlverleih, ist zwar eines der wichtigsten Kräuter für die Wundheilung. Aber da es in der Natur gesetzlich geschützt ist, kann das selbständige Sammeln nicht propagiert werden. Und den Anbau solch empfindlicher Kräuter überläßt man besser den Profis.

Der Fingerhut und das Maiglöckchen liefern wichtige Herzmedikamente – daß man sich so etwas nicht selbst verschreiben kann, dürfte einleuchten. Darüber hinaus ist in der Natur ein übergroßer Reichtum an heilkräftigen Pflanzen zu finden, wie schon die Namen Lungenkraut, Herzgespann, Eisenkraut oder Augentrost ahnen lassen. Selbst viele bekannte Gartenschönheiten, wie Rose, Madonnenlilie, Iris und Pfingstrose zählen dazu. Sie alle haben für den Hausgebrauch nur mehr eine geringe Bedeutung und können in einem Buch dieses Umfangs nicht berücksichtigt werden. Der Übergang zwischen Heil- und Gewürzpflanzen ist fließend. Nicht alle Kräuter eignen sich zum Würzen; ein Aphrodisiacum, ein Beruhigungsmittel

oder gar kosmetische Ingredienzen müssen nicht gut schmecken. Alle Gewürze nehmen jedoch ausnahmslos Einfluß auf Stoffwechsel und Wohlbefinden. Sie erhöhen die Bekömmlichkeit mancher Speisen. Sie liefern Vitamine und Spurenelemente, tragen zur allgemeinen Steigerung der Widerstandskräfte bei und greifen

zum Teil gezielt in physiologische Vorgänge ein. Aber bleiben wir doch ganz einfach bei den vordergründigen Wirkungen: Gewürze bringen das Aroma mancher Gerichte erst so richtig zur Entfaltung und machen den Speiseplan abwechslungsreicher – besonders, wenn man sie frisch aus dem eigenen Garten auf den Tisch bringt!

11

Wo Kräuter wachsen

Kräuter sind in den verschiedensten Lebensbereichen zuhause. Manche mögen es voll sonnig auf einem kalkhaltigen, steinigen Untergrund, der die Wärme speichert. Ätherische Öle und Schleimstoffe entwikkeln sich in der Regel an trokkenen Standorten am besten. Arten wie der Bärlauch wachsen im Schatten des Waldes, wo sie einen humosen Boden gewöhnt sind. Alkaloidhaltige Pflanzen fühlen sich zumeist in einer feuchten Umgebung wohler. Wieder andere leben am Rand des Wassers oder sogar mittendrin in einem feuchten Substrat, wie die Brunnenkresse. Es gibt so gut wie keinen Standort, an dem nicht irgendein Kräutlein gedeihen kann.

Entsprechend können die Kräuter auch an verschiedenen Stellen in die Gartengestaltung integriert werden. Einige passen mit ihren Ansprüchen und attraktiven Blüten oder Blattformen gut ins Staudenbeet, wie der Ysop oder die Weinraute beispielsweise. Der Wermut ist eher ein Einzelgänger an warmen, durchlässigen Stellen, weil er sich mit den meisten Pflanzennachbarn nicht sehr gut verträgt. Die wärmeliebenden Südländer, wie Thymian, Salbei und Bergbohnenkraut, aber auch Tripmadam, sind in einem Steingarten am besten aufgehoben. Ähnliche Bedingungen bietet ein geschütztes Eck, eine Fläche vor einer Südwand oder einer Hecke am Nordrand, jeweils auf durchlässigem Untergrund.

Wer den Ehrgeiz hat, die individuellen Ansprüche der Pflanzen möglichst realistisch nachzuahmen, der legt einen Naturgarten an. Dort können die Kräuter in einer naturähnlichen Pflanzengemeinschaft leben. Vorausgesetzt, man bietet all die verschiedenen Elemente an, vom genannten Steingarten über eine Wiese, den Teich und sein Ufer, mit Weg- und Gehölzrand bis hinein in den Halbschatten der Bäume und schließlich zum »Schuttplatz«, der »Un«-Kräuterecke. Ein Naturgarten im Miniformat ist die Kräuterspirale, von der auf Seite 18 die Rede sein wird.

In verschiedene Bereiche integrieren

Selbst wenn der Gärtner das Recht in Anspruch nimmt, den Garten nach einem persönlich bevorzugten Motto zu gestalten,

gibt es viele Möglichkeiten. Im häufig nachgeahmten Bauerngarten zum Beispiel herrschen strenge Formen vor, repräsentiert durch runde oder eckige, in jedem Fall symmetrische Weg- und Beetanlagen. Die Pflanzengemeinschaft hingegen zeichnet sich durch eine gekonnt zusammengestellte und vor allem fröhlich-bunte Mischung aus. Da gesellen sich die oft eigenwilligen Kräuterpersönlichkeiten zu Gurken- und Tomatenfrüchten, leuchtenden Blüten und dicken Kohlköpfen. Die sonst eher seltene Eberraute darf in diesem Garten schon einmal eine niedrige

Im Bauerngarten werden Kräuter harmonisch zwischen Gemüse und Blumen integriert (oben). Natürliche Heimat des blühenden Bärlauchs mit seinem Knoblauchduft ist der Frühlings-Laubwald (links).

Hecke bilden, Thymian oder Bohnenkraut den aromatisch duftenden Beetrand. Gut mit den Kräutern verträgt sich auch der Bauerngarten-Trend, für Wege, Zäune usw. naturgemäße Materialien zu verwenden.

Eine andere Möglichkeit, Kräuter im Garten zu integrieren, wird durch die Renaissance der Düfte gewiesen. Wer sich dieses Motto zu eigen macht, wird vor allem darauf achten, daß der Mensch möglichst häufig in den Genuß der Aromen kommt: Durch geschicktes Plazieren am Wegrand, wo im Vorbeigehen ein köstlicher Windhauch an die Nase weht, oder in der Nähe von Sitz- und Ruheplätzen, wo sich auch der Einsatz von Kübelpflanzen anbietet.

13

In ihrem eigenen Beet stehen Kräuter in Reih und Glied, hier (von links) Pfefferminze, Zitronenmelisse und Ysop.

Das Kräuterbeet

Wenn man die Kräuter lieber beisammen hat, steckt man sie einfach in ein gemeinsames Beet. Da der Koch oder die Köchin meist häufig und rasch kleine Mengen der geschmacksintensiven Zutaten benötigt, ist es sicher empfehlenswert, das Kräuterbeet nahe der Küche anzulegen. Die Breite dieses Beetes ist eher kleiner als im üblichen Maß von 1,20 m zu wählen, damit man jederzeit bequem an jedes Kräutlein herankommt. Trittsteine innerhalb des Beetes erfüllen den selben Zweck. Damit sie nicht zu einer Gefahrenquelle werden, sollte man sie zur Stabilisierung mit einer Schicht Sand unterlegen; Bruchsteine wirken besonders natürlich.

Wenn nach den allgemeinen Wachstumsbedingungen für Kräuter gefragt wird, so sollte man sich vergegenwärtigen, daß ein großer Teil der Gewürze, aber auch viele andere Gartenpflanzen ursprünglich aus südlicheren Ländern zu uns gebracht wurden. Pflanzen, die am Mittelmeer oder im Orient zuhause sind, sind eher magere, durchlässige Böden ge- und von der Sonne verwöhnt. Unter solchen Umständen wird auch das beste Aroma ausgebildet. Auf fetten Böden wird mehr (Grün-)Masse statt (Wirkstoff-) Klasse produziert. Und ohne Sonnenkraft geht sowieso wenig. Aber: Grundsätzlich sind bei jedem Kraut möglichst die individuellen Ansprüche zu berücksichtigen, wie sie bei den Einzelporträts ab Seite 36 angegeben sind.

Um einen durchlässigen Untergrund zu erreichen, muß auf schwerem Boden etwas unternommen werden. Während es bei lehmig-schluffigen Böden oft genügt, Sand, eventuell auch Urgesteinsmehl sowie reifen Kompost einzumischen, lohnt es sich bei extrem toniglehmigen Böden, zusätzlich in 20–30 cm Tiefe eine Dränageschicht aus Kies einzuarbeiten oder gar ein erhöhtes Beet mit einem künstlichen Substrat anzulegen, worin die Pflanzen ohne Gefahr der Staunässe wurzeln können.

Damit auch die Bedürfnisse der etwas hungrigeren Pflanzen erfüllt sind, darf man den Humus nicht vernachlässigen. Dazu nimmt man in erster Linie mindestens ein Jahr lang gerotteten Reifkompost. Der pH-Wert sollte sich zwischen 6 und 7 bewegen. In saureren Böden mischt man nach Bedarf (Algen-)Kalk in die Erde, was auch die vielfach kalkliebenden Kräuterpflänzchen erfreuen wird. Wenn man außerdem genug Zeit läßt für eine vorherige Gründüngungs-Einsaat, ist der Boden optimal vorbereitet.

Günstigste Pflanzzeit ist in der Regel das Frühjahr (Mai) oder der Herbst (Oktober/November), in jedem Fall am besten bei bedecktem Himmel. Frostempfindliche Arten wie der Thymian bevorzugen den Frühling. Von den kleinen Jungpflanzen, wie man sie selbst vorkultiviert oder in der Gärtnerei gekauft hat, darf man sich dabei nicht täuschen lassen: Nur wenn die Abstände von vornherein an der endgültigen Größe gemessen werden, können sich die Kräuter optimal entwickeln, und man spart sich spätere neue Umpflanzaktionen. Allerdings muß – bis sich die Vegetationsdecke schließt – der unerwünschte Wildwuchs von Zeit zu Zeit entfernt werden, bevor er die Entwicklung der Kräuter beeinträchtigen kann.

Die Anordnung der Pflanzen sollte so geplant werden, daß die niedrigen Arten im Vordergrund und die höchsten im Hintergrund stehen.

Für das Wachstum ausschlaggebend ist natürlich die Sonne, so daß demnach die Südseite als »vorne« zu definieren wäre. Häufig jedoch wird man dem Standpunkt des Betrachters den Vorrang geben und die Kräuter so anordnen, daß die Pflanzenhöhen vom Hauptweg aus nach hinten ansteigen.

Steht viel Platz zur Verfügung, so wird man auch den gestalterischen Gesichtspunkten mehr Platz einräumen. Unter solchen Umständen empfiehlt es sich zum Beispiel, von den Arten, die aufgrund ihrer Blüten oder Blattformen besonders attraktiv wirken, mehrere Pflanzen einzusetzen, auch wenn sie von der Erntemenge her nicht benötigt werden. Lavendel und Salbei,

Baldrian, Borretsch, Ringelblumen und Kamille beispielsweise gehören zu den hübscheren Bewohnern des Kräuterbeets und werden daher gerne in größerer Zahl angesiedelt. Wenn man sie nicht aberntet, dann sind sie eben wie Zierpflanzen zu behandeln: Entfernen der unansehnlichen Pflanzenteile und Rückschnitt im Herbst bzw. Frühjahr.

Die Tripmadam ist ein Dickblattgewächs, das einen durchlässigen Standort im Steingarten bevorzugt.

15

Kräuter
in Mischkultur

Im Biogarten ist die Mischkultur längst eine bewährte Technik. Weil man erkannt hat, daß sich unterschiedliche Pflanzenarten als Nachbarn gut vertragen, ist es möglich, auch auf kleinem Raum ein größeres Sortiment unterzubringen. Nicht nur, daß es dabei zu keinen Beeinträchtigungen kommt: Die Pflanzen ergänzen sich oft in ihren Eigenschaften und fördern sich dadurch im Wachstum.

Zum einen läßt sich der zur Verfügung stehende Platz optimal nutzen. Große, kräftige Pflanzen beispielsweise können ihre schwächlicheren Nachbarn vor Wind und anderen Witterungseinflüssen schützen. Flachwüchsige Pflanzen hingegen bedekken konsequent den Boden, wodurch mehr Wasser gehalten wird und weniger Unkraut gedeihen kann. Unterirdisch ergänzen sich Flach- und Tiefwurzler ideal, weil jeder die Nährstoffe auf seine Weise erschließt.

Manche Arten können ihre Nachbarn sogar vor Krankheiten oder Schädlingen schützen. Die meist stark spezialisierten Erreger müssen die Pflanzen einer ganz bestimmten Art aufsuchen, um sich ausbreiten zu können. Kräuter, die anderen Pflanzenfamilien angehören, bilden als Mischkultur-Partner eine mechanische Barriere. Deshalb ist darauf zu achten, daß sich die Mitglieder ein und derselben Pflanzenfamilie nicht zu häufig in die Quere kommen. Dies gilt zum Beispiel für die beim Gemüse (Möhren, Sellerie, Fenchel…) wie unter den Kräutern (Petersilie, Dill, Kerbel, Kümmel, Liebstöckel…) zahlreich vertretenen Doldenblütler. Auch bei den Korb- (die meisten Salate) und Kreuzblütlern (Kohlarten und Kresse, Meerrettich usw.) besteht die Gefahr solcher Unvereinbarkeiten.

Zum anderen werden die Schaderreger auch durch starke unbekannte Ausdünstungen irritiert und können deshalb ihre Opfer nicht auffinden. Dieser Effekt ist bei den Kräutern mit ihren intensiven Wirkstoffen besonders häufig zu beobachten. Einige Beispiele sind nachfolgender Übersicht zu entnehmen.

Kräuter schützen Gemüse:

Zwiebeln oder Schnittlauch neben Möhren – gegenseitige Abwehr der Gemüsefliegen

Knoblauch oder Zwiebeln neben Erdbeeren – Schutz gegen Pilzkrankheiten an Erdbeeren

Thymian als Beetumrandung – hält Schnecken fern

Wermut neben Johannisbeeren – Abwehr des Johannisbeeren-Säulchenrosts

Kapuzinerkresse auf der Baumscheibe von Obsthölzen – Vorbeugung gegen Blut- und Blattläuse

Lavendel neben Rosen – Abwehr von Blattläusen

Schnittlauch und Tagetes – Abwehr von Wurzelälchen

Dies sind nur einige der offensichtlichsten Schutzwirkungen. Auch in vielen anderen Fällen spielen solche Mechanismen eine Rolle. Als bewährt gute Nachbarn sind unter anderem Petersilie und Tomaten bekannt. Auch mit Salat verträgt sich die Petersilie ausgezeichnet. Der Dill wird gerne zwischen Gurkenpflanzen eingestreut. In den Saatreihen mit Radieschen sorgt er für eine bessere Keimung. Die wohl weitverbreiteste Kombination bilden Boh-

Gehören im Beet wie im Kochtopf zusammen: Bohnen und Bohnenkraut.

Kapuzinerkresse auf der Baumscheibe hält die Gehölze von Läusen frei.

nen und – natürlich Bohnenkraut. Dieses Gewürz ergänzt die Hülsenfrüchte nicht erst hervorragend auf dem Speiseteller, sondern bereits als Nachbar im Gemüsebeet.
Der Borretsch und die Ringelblume gelten als willkommene Gäste im Gemüsebeet, nicht nur aufgrund der fröhlichen blauen bzw. gelben Blüten, die Menschen und Insekten anlocken: Die Saponine in ihren Wur-

zeln sind eine Stoffgruppe, die positiv auf die Eigenschaften des Bodens wirkt. Wenn man diese Arten läßt, verbreiten sie sich ganz von alleine.
Auch untereinander können sich die Kräuter fördern. So wurde zum Beispiel festgestellt, daß sowohl Salbei als auch Estragon, wenn sie benachbart sind, intensivere Inhaltsstoffe ausbilden als wenn sie alleine oder unter ihresgleichen stehen.

17

Der Bau einer Kräuterspirale bereitet etwas Aufwand, aber entlohnt durch eine optische Bereicherung des Gartenbildes.

Kräuterspirale

Eine Kräuterspirale sieht nicht nur hübsch aus: Die Idee dazu entspringt den Überlegungen, auf engem Raum unterschiedliche Bedingungen zu schaffen, in denen viele Kräuter einen artgerechten Standort – von der trockenen, warmen Spitze bis zum Teich – finden. Dadurch lassen sich die höchsten Ge-

halte an Wertstoffen erzielen, und auch der Pflegeaufwand bleibt unter optimalen Umständen gering.

Oberste Regel für die Standortwahl ist ein sonniges Plätzchen. Auf dem Gipfel des künstlichen Hügels und um die Steine herum wird dann besonders viel Wärme gespeichert. Hinzu kommen noch die reflektierten Sonnenstrahlen vom Teich, der an der Südseite der Spirale anzulegen ist. Hinter dem Hügel und den hochwachsenden Arten wiederum entstehen eher kühle, schattige Plätzchen. Auch bei den Substraten läßt sich eine breite Palette erzielen: Vom durchlässigen, kalkhaltigen Sand-Untergrund am Gipfel

über den eher durchschnittlich humosen Gartenboden der Mittelzone bis hin zu feuchten Böden und sogar Wasserstandorten gibt es alles, was sich Pflanzen wünschen können.

Größere Baumaßnahmen

Bevor man sich an die nicht geringe Arbeit macht, sollte die geplante Spiralenform mit Pflöcken abgesteckt werden. Mit Hilfe einer Schnur läßt sich die zukünftige Gestalt abzeichnen und nochmals begutachten, bevor vollendete Tatsachen geschaffen werden.

Als erste Maßnahme hebt man zunächst von der gesamten Fläche den Rasen ab. Auch die oberste Humusschicht sollte dabei entfernt werden. Es wäre zu schade, sie unterzugraben, wo doch später viel Pflanzsubstrat benötigt wird.

Beim Aushub des Teichs an der Südseite ist aus diesem Grunde ebenfalls der humusführende Oberboden vom nährstoffarmen, aber meist »steinreichen« Untergrund zu trennen. Bei einem Anteil von 25–30 Prozent der Gesamtfläche fügt sich der Teich harmonisch in die künstliche Kleinlandschaft. Sollen Pflanzen und Tiere im Teich frostfrei überwintern können, so ist eine Mindesttiefe von 80 cm vorzusehen.

Für die Mauer muß man rechtzeitig ausreichendes Steinmaterial organisieren. Natursteine eignen sich am besten für diesen Zweck. Im Einzelfall wird aufgrund des Materialgewichts immer entscheidend sein, welches Gestein aus der näheren Umgebung beschafft werden kann. Die Steine sind jeweils auf der flachen Seite stabil und im Verbund zu verlegen. Außerdem sollte sich die Mauer stets leicht zum Hang hin neigen. Es empfiehlt sich, die Steine in zwei bis drei Schichten aufeinander zu legen und dann gleich wieder das richtige Substrat ins Innere zu füllen. Dadurch bekommt die Konstruktion von vornherein die erforderliche Stabilität. Im Zentrum darf zunächst einmal durchlässiger Schutt, Stein-Bruchmaterial und humusloser Unterboden eingefüllt werden. Erst darüber wird mit einem

Vielfältige Standortverhältnisse: vom durchlässigen Gipfel über normale Gartenerde bis zum Feuchtgebiet »im warmen Süden«.

sandigen Substrat aufgefüllt, welches man mit Kalksplitt mischen sowie mit Algenkalk ergänzen kann. In den flacheren Bereichen hingegen wird gleich der humusreiche Oberboden eingefüllt, den man eventuell mit Reifkompost verbessert. Für die Feuchtzone kurz oberhalb des Teichs ist oft ein saures Milieu anzustreben. Dies läßt sich durch Laubkompost oder notfalls Torf erreichen.

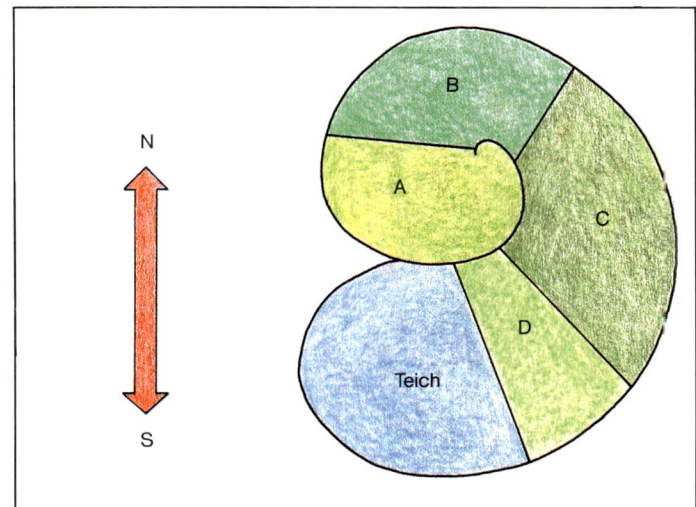

N
S

Teich

B
A
C
D

Von oben nach unten: die Kräuterspirale
Spiralengipfel: Lavendel, Rosmarin, Thymian, Salbei, Bergbohnenkraut, Ysop, Tripmadam
Übergangszone: Basilikum, Majoran, Oregano, Schafgarbe, Johanniskraut
Mittelzone: Schnittlauch, Pimpinelle, Sauerampfer, Bohnenkraut, Zitronenmelisse, Estragon, Dill, Kümmel, Koriander, Gewürzfenchel, Liebstöckel, Eberraute, Weinraute, Kamille, Ringelblume, Borretsch, Kapuzinerkresse, Monarde; auch im Halbschatten: Petersilie, Kerbel, Kresse, Frauenmantel
Feuchtzone: versch. Minzenarten (Pfefferminze, Poleiminze …), Huflattich
Wasserzone: Brunnenkresse, Kalmus, Fieberklee, Wasserminze
Übergroße Stauden besser außerhalb der Spirale pflanzen: Baldrian, Beifuß, Beinwell, Meerrettich, Wermut

Kräuter auf dem Balkon

Wer will oder keine andere Möglichkeiten hat, kann Kräuter auch auf dem Balkon anbauen. Das ist gar nicht so schwer. Ihr wichtigster Anspruch, nämlich viel Sonne, läßt sich auf Balkonen oder Terrassen, die nach Süden hin offen sind, leicht verwirklichen. Und in den meisten Fällen geben sie sich mit magerem Untergrund zufrieden. Nur allzu großwüchsige Kräuter sowie Wurzelkräuter müssen von diesem Standort ausgeschlossen bleiben; Meerrettich, Baldrian und Engelwurz vereinigen beide Eigenschaften, aber auch Beinwell, Eberraute oder Wermut werden sich in einem Balkonkasten nicht wohlfühlen. Große Einzelgefäße in Kübelform können hier abhelfen; ob dieser Kompromiß gangbar ist, kann man mit etwas Experimentierfreude ausprobieren. Der Rosmarin wird aufgrund seiner Frostempfindlichkeit sowieso gerne im Kübel gezogen.

Die Gefäße sollten also einerseits entsprechend dem Bedürfnis der Pflanzen nach Wurzelraum gewählt werden, andererseits auch nach Gesichtspunkten der Gestaltung. Die üblichen Plastik-Balkonkästen wirken nicht besonders anziehend, reichen aber für die meisten kleineren Arten aus. Terrakotta-Gefäße bringen mediterranes Flair auf die Terrasse. Speziell für Kräuter werden des öfteren hohe Tongefäße mit mehreren kleinen »Seitenbalkonen« angeboten, also mit zusätzlichen seitlichen Öffnungen, in denen schwachwüchsige Arten Platz finden.

Noch schwerer als Terrakotta sind Steintröge. Darin findet meist nur wenig Substrat Platz, weshalb sie sich bevorzugt für eine Steingarten-Vegetation anbieten. Aus dem Kräutergarten wären Thymian, Bergbohnenkraut, Schnittlauch und Tripmadam für eine Dauerbepflanzung bevorzugt geeignet. Kleinere Arten wie Petersilie, Pimpinelle, Basilikum und Majoran können die Auswahl ergänzen. Wer sich einen Kasten aus Holz selber baut, kann die Maße nach seinen Bedürfnissen festlegen und bekommt zur Belohnung einen natürlich wirkenden Behälter. Ein witterungsbeständiger Außenanstrich und eine Folieneinlage sorgen dafür, daß das Gefäß länger erhalten bleibt. Achtung: Abzugslöcher für überschüssiges Wasser sind bei Kräutern noch wichtiger als sonst!

Von Substratschichten und Pflanzenhöhen

Zuunterst sollte in der Regel eine Dränageschicht aus Tonscherben oder Blähton vorgesehen werden, denn die meisten Arten sind empfindlich gegen Staunässe. Als Substrat darf man normale Blumenerde verwenden. Eine eigene Mischung läßt sich aus je einem Drittel Sand, Reifkompost und normaler Gartenerde herstellen. Ersatzweise kann man auch Rindensubstrat zukaufen. Werden hungrige Arten eingesetzt, wie

In einem gekonnt bepflanzten Kasten finden drei Reihen von Kräutern Platz.

Auch solche Kästen wirken attraktiv, wenn man Blumen dazwischensetzt und wie beim Salbei Zierformen wählt.

Melisse, Estragon, Oregano oder Liebstöckel, so empfiehlt es sich, einen Langzeitdünger mit hinein zu mischen. Bei Bedarf kann flüssig nachgedüngt werden.

Durch eine geschickte Kombination ist ein Kräuterkasten nicht nur eine Quelle der Gesundheit, sondern auch optisch ansprechend. In einem genügend breiten Gefäß kann man zum Beispiel hinten hohe Arten plazieren, Ringelblumen, Borretsch oder Salbei; Dill ist etwas windanfällig und sollte entsprechend gestützt werden.

Für den Vordergrund zur Sonne hin eignen sich niedrige und hängende Kräuter, wie Thymian, Kresse und Kerbel oder Kapuzinerkresse. Dazwischen finden mittelhohe Gewächse ihren Platz, wie Ysop oder Bohnenkraut.

Da die Erde in den Gefäßen leicht austrocknet, darf bei warmer Witterung das Gießen nicht vergessen werden. Die hochwüchsigen Arten sind wiederholt zurückzuschneiden; danach vertragen sie meist eine Zusatzdüngung. Nach drei Jahren sollte man die Erde erneuern und den Kräuterkasten neu bepflanzen.

21

Kulturmaßnahmen

Die ersten Schritte zum Kräuteranbau

Für die Vermehrung der Kräuter gilt grundsätzlich dasselbe wie für alle anderen Pflanzengruppen: Manche lassen sich am einfachsten vegetativ vermehren, also durch Bewurzelung von Stecklingen oder Wurzelstücken zum Beispiel. Dazu gehören vor allem die mehrjährigen Kräuter. Einjährige dagegen können in der Regel ausgesät werden, wobei anspruchsvollere Arten eine geschützte Vorkultur bevorzugen, weil sie dadurch besser keimen oder eine längere Entwicklungszeit gewinnen.

Einfach direkt säen

Der Boden sollte schon etwas erwärmt und krümelig sein, wenn man direkt ins Freiland säen will. Dies ist meistens ab März der Fall. Der Gärtner sollte das Beet zuvor von Hand lockern und dabei von unerwünschten Wildkräutern befreien. Feucht ist die Erde um diese Jahreszeit von selbst. Die Regel für die Saattiefe besagt, daß die Samen etwa dreimal so dick mit Erde bedeckt

Frisch gesäte Kräutersamen müssen ständig feucht gehalten werden.

Kräuter-Saatgut

Bei den Gewürz- und insbesondere Heilkräutern ist die Entwicklung der Saatgut-Zucht noch längst nicht auf dem Niveau von Gemüse und Blumen. Bei den gängigeren Arten gibt es zwar Zuchtsorten auf dem Markt. Die meisten Kräuter aber sind züchterisch nur wenig bearbeitet, und häufig wird es schwierig, Saatgut im Handel zu erhalten. In manchen Fällen ist der Gärtner völlig auf die eigene Vermehrung angewiesen, oder er muß – sofern dies zulässig ist – an den Naturstandorten Samen sammeln gehen.

Freilich bedeutet dieser Zustand nicht nur Nachteile: Erstens ist hierdurch noch genügend natürliches, ungenutztes Erbmaterial vorhanden (im Gegensatz zu vielen Gemüse- und Getreidearten). Zweitens sollte man gerade bei den heilkräftigen Kräutern Wert darauf legen, daß sie ihre Inhaltsstoffe im Zusammenspiel mit der natürlichen Umgebung entwickeln. Ein standardisierter Gehalt, wie ihn die Zucht anstrebt, ist vor allem bei hoher Dosierung und industrieller Verarbeitung bedeutsam, weniger bei normalem Hausgebrauch.

werden sollen, wie sie selbst sind. Bohnenartige Samen können also in 3–4 cm tiefe Rillen gelegt werden, während man zarte Samen nur dünn übersiebt. Insbesondere die Licht-

Bei Vorkultur ist das Pikieren in Einzelgefäße zu empfehlen.

Viele Arten lassen sich leicht durch Absenker oder Kopfstecklinge vermehren.

keimer (siehe Angaben bei den Arten) dürfen nicht voll bedeckt sein, weil sie sonst nicht aufgehen.

Zieht man die Saatrillen im Saat- oder Frühbeet, so können sie eng stehen. Verbleiben die Kräuter hingegen an diesem Standort, wie zum Beispiel meist Petersilie, Dill und Kerbel, so ist gleich der endgültige Reihenabstand einzuhalten. Hier muß später lediglich innerhalb der Reihe ausgedünnt werden. Die Samen sollten schon von Beginn an nicht zu eng gestreut werden. Schließlich drückt und gießt man sie an. Ein beschriftetes Schildchen erleichtert nach dem Aufgang die Identifizierung

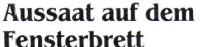
der Keimlinge. In den ersten Wochen dürfen die Aussaaten nicht austrocknen. Bei trocken-warmer Witterung ist deshalb

Wenn man zum Beispiel die Petersilie blühen läßt, kann man selber Samen ernten.

immer wieder zu bewässern. Eine Abdeckung bis zur Keimung hilft, den Boden länger feucht zu halten. Eng stehende Aussaaten müssen bald pikiert werden; in locker stehenden Beständen kann man warten, bis die Pflänzchen kräftig genug sind, um sie dann an den endgültigen Standort auszusetzen.

Aussaat auf dem Fensterbrett

Vor allem die Pflanzen südländischer Herkunft sind es, die schon ab März auf dem warmen Fensterbrett oder im Gewächshaus ausgesät werden sollten. Sie bedürfen während der Keimung besonders viel Schutz und Wärme. Paradebeispiel hierfür ist Basilikum. Gesät wird meist in flache Schälchen, die mit einem lockeren, nährstoffarmen, sandigen Substrat gefüllt sind. Durch entsprechende Bodenlöcher und eventuell eine Dränageschicht (Tonscherben, Blähton, Sand) ist ein ungestörter Wasserabzug sicherzustellen. Wenn man gleich einzeln in Multitopfplatten oder Preßtöpfe sät, spart man sich das Pikieren. Gleichzeitig bildet sich ein fester Wurzelballen, der das spätere Verpflanzen und Anwachsen erleichtert.

Pflanzenkauf erlaubt: In Einzelgefäße gesät, läßt sich die Menge besser eingrenzen, denn von den Kräutern benötigt man meist nur eine oder wenige Pflanzen. Aus diesem Grund ist es auch völlig legitim, vorgezogene Pflänzchen beim Gärtner zu besorgen, anstatt sie selbst auszusäen und die überschüssigen Jungpflanzen wegwerfen zu müssen.

Die Samen werden im Substrat angedrückt, dünn mit (Kompost-)Erde überstreut und angegossen. Damit bis zur Keimung genügend Feuchtigkeit erhalten bleibt, empfiehlt sich eine Abdeckung mit Glas, durchsichtiger Folie oder einer speziell dafür vorgesehenen Haube. Sobald die Keimblätter zu fassen sind, sollte – wiederum in ein lockeres Substrat – pikiert werden; je früher, desto besser. Spätestens hierfür sind Einzelgefäße mit Wurzelballen zu empfehlen. Wenn die Jungpflanzen kräftig genug sind, dürfen sie ins Freie. Ab Anfang Mai fällt das Thermometer nicht mehr allzu tief. Zuvor sollte man die Pflänzchen durch wiederholtes Lüften an bedeckten Tagen abhärten. Auch für die Auspflanzung empfiehlt sich ein Tag mit nicht zu sonniger Witterung. Bei den empfindlicheren Arten muß man völlig frostfreies Klima abwarten, also die Eisheiligen. Nach sommerlicher Vorkultur wird am besten im Oktober/November ausgepflanzt.

Neue Pflanzen aus alten Wurzeln

Bei manchen Kräuterarten besteht eine hohe Wahrscheinlichkeit, daß sie bei der Samenvermehrung einen Teil der erwünschten Eigenschaften verlieren. Daher werden sie bevorzugt auf vegetative Weise vermehrt. Vielfach aber ist es einfach der leichteste Weg, Teile vorhandener Pflanzen zu benutzen, um neue zu gewinnen. Am vordringlichsten bietet sich das bei alten mehrjährigen Kräutern an, die etwa alle drei bis vier

Die empfindlicheren Arten dürfen erst nach Ende der Frostgefahr ausgepflanzt werden.

Jahre verjüngt, also geteilt werden sollten, wie zum Beispiel Zitronenmelisse, Liebstöckel, Estragon und Lavendel. Dazu gräbt man im Herbst oder Frühjahr die Wurzeln aus und teilt sie mit dem Messer oder – bei kräftigeren Wurzelstöcken – mit dem Spaten. In einfacheren Fällen (z. B. Schnittlauch) genügt es auch, die Wurzeln mit der Hand auseinanderzureißen, um die neugewonnenen Teile wieder in eine frische, eventuell mit Kompost ausgekleidete Pflanzgrube zu stecken.
Bei manchen Arten ist die Teilung der Wurzeln besonders problemlos. Pfefferminze und Oregano beispielsweise bilden oberirdische bzw. flache Ausläu-

fer, die zur Vermehrung abgenommen werden können; oberirdische Triebe sind dabei kräftig zurückzuschneiden. Bei den Wurzelkräutern (z. B. Meerrettich, Liebstöckel, Beinwell, Engelwurz) genügen Teile der fleischigen Wurzeln, die dann selbständig wieder austreiben.

Oberirdische Triebe bewurzeln

Die Methode der Stecklingsvermehrung gehört auch nicht mehr zu den Mysterien des Gärtnerns. Sie funktioniert besonders gut bei mehrjährigen Arten, die zum Verholzen neigen, unter anderem Salbei, Thymian, Bergbohnenkraut, Rosmarin, Lavendel, Ysop und Eberraute: Man schneide im frühen Sommer unverholzte Triebspitzen von 6–10 cm Länge mit einem scharfen Messer, befreie die unteren zwei Drittel von Blättern und stecke diesen Teil in ein Gefäß mit einem Gemisch aus feuchtem Torf (Reifkompost) und Sand. Wenn man das Ganze gegen volle Sonne geschützt aufstellt, bilden sich innerhalb einiger Wochen Wurzeln. In der feuchtwarmen Atmosphäre unter einer transparenten Plastikhaube wird diese Entwicklung beschleunigt. Noch einfacher geht es, wenn man bodennahe Triebe am Untergrund befestigt; sie bleiben im Kontakt mit der Mutterpflanze und werden erst »abgenabelt«, wenn sich Wurzeln gebildet haben. Absenker oder Ableger nennt man solche Sprößlinge.

Naturgemäße Pflanzenpflege

In keinem anderen Bereich bietet sich der naturgemäße Anbau so an wie bei den Kräutern. Denn diese brauchen bei standortgerechter Pflanzung selten eine zusätzliche Düngung und sie sind durch ihre kräftigen Aromen besser gegen Schädlinge geschützt als andere Arten. Nicht zuletzt ist davon auszugehen, daß bei sachgerechtem naturgemäßen Anbau die Würz- und Heilkräfte am wirkungsvollsten ausgebildet werden.

Verlängerung des Gartenjahrs

Als eine legitime Abweichung vom Pfad der Natur darf der Einsatz von Folien, Frühbeeten oder gar Gewächshäusern betrachtet werden. Der Sinn solcher Instrumente ist die Verfrühung oder Verlängerung der Kräuterernte. Kälteempfindliche Arten wie zum Beispiel den Majoran kann man auf diese Weise schon im frühen Sommer ernten, wogegen Schnittlauch, Petersilie und die Wintersalate über das Ende der Vegetationsperiode hinaus von dem wärmeren Standort profitieren. Während sonniger Perioden darf man allerdings nicht vergessen, regelmäßig zu lüften und zu gießen, weil die Pflanzen sonst dem Hitzestreß zum Opfer fallen.
Wurzelpetersilie und Löwenzahn lassen sich wie Chicorée im Winter antreiben, wenn man sie in einem Kübel an einem wärmeren Plätzchen aufstellt. Auch Schnittlauchballen treiben am Fensterbrett vorzeitig ihre schmackhaften Blattröhren. Kerbel, Kresse und andere als Keimsprossen zusammengefaßte Arten können in flachen Gefäßen auf der Fensterbank ausgesät oder sogar in Einmachgläsern ohne Substrat zum Keimen gebracht werden, wenn man sie ausreichend feucht hält. Diese Arten dienen schon im jüngsten Stadium als würziges und vitaminreiches Wintergrün.
Die meisten der üblichen ausdauernden Kräuter sind in unseren Breiten einigermaßen winterhart. Manche Wintersalate können solange geerntet werden, bis Schnee und Frost dies unmöglich machen. Südländer wie Thymian oder Salbei zeigen sich vor allem in rauhen Lagen dankbar für eine schützende Abdeckung aus Reisig oder ähnlichem. Rosmarin und Lorbeer wollen wie Kübelpflanzen behandelt werden: Man gräbt sie vor dem Winter aus, holt sie in helle und kühle, aber frostfreie Räume und läßt sie nicht völlig austrocknen. Auch hier lassen sich sogar noch zurückhaltende Ernten vornehmen. Heizungswarme Räume sind allerdings ungeeignet. Dort finden sich rasch Schädlinge ein.

Ernährungsbewußte Kräuter

Daß einige Arten in der Natur auf magerstem Untergrund gedeihen, soll kein Grund sein,

Schnittlauch kann am Fensterbrett geerntet werden, wenn man die Ballen einmal durchfrieren läßt und in Töpfe setzt.

die Ernährung der Kräuter völlig zu vernachlässigen. Eine wohldosierte Versorgung kommt durchaus auch diesen Arten zugute. Außerdem muß man differenzieren: Es gibt auch unter den Kräutern hungrige Arten.
Richtig ist allerdings, daß eine Massenproduktion im Kräuterbeet fehl am Platze ist. Eine große Menge von Laub ist nicht gleichbedeutend mit einem hohen Gewinn der bedeutsamen Inhaltsstoffe. Die Produktion der ätherischen Öle ist mehr auf Sonne angewiesen als auf das Vorhandensein von Nährstoffen. Darüber hinaus ernähren sich die Kräuter sehr »bewußt« und bevorzugen deutlich eine organische Nährstoffzufuhr.

Hierfür stehen langsam wirkende und lange anhaltende Düngemittel auf der Basis von Horn- und Blutmehl zur Verfügung. Häufig sind in den organischen Volldüngern auch phosphorbetonte Knochenmehl- und Guano-Zusätze enthalten. Für eine rascher wirksame Stickstoff-Zufuhr sorgen Rizinusschrot und vor allem selbstgemachte Düngejauchen (Herstellung siehe S. 96/97). Für die Humusversorgung unverzichtbar ist Reifkompost. Er sollte in der Regel mindestens ein Jahr lang gerottet haben, damit er kein zu triebiges Wachstum verursacht. Am besten werden die Gaben jeweils zu Beginn der Wachstumssaison verabreicht.

Nach einer frischen Pflanzung sollte man allerdings ein wenig warten, bis sich kräftige Wurzeln gebildet haben.

Zu den hungrigeren Arten, die über die Grunddüngung hinaus auch während des Jahrs gelegentlich mit Nährstoffen versorgt werden dürfen, gehören mächtige Stauden wie Liebstöckel, Meerrettich, Zitronenmelisse und Pfefferminze, aber auch Schnittlauch, Löwenzahn und Sauerampfer.

Wer sich den Kräutern individuell zuwenden will, der kann sich folgende Faustregel für das Düngen merken: Arten, bei denen man Blätter und Triebteile erntet, dürfen etwas stickstoffbetont gedüngt werden (insbesondere Alkaloidpflanzen). Für Wurzelkräuter ist eine kaliumbetonte Ernährung sinnvoll, während bei Arten, von denen Früchte und Samen geerntet werden, die Phosphor-Ernährung im Vordergrund steht. Dieses Wissen darf allerdings nicht zu einer völlig einseitigen Düngerzufuhr führen. Da überdies die durchschnittlichen Gartenböden mit Kalium und vor allem Phosphor überversorgt sind, wird sich eine harmonische Düngung hauptsächlich auf die Stickstoffzufuhr konzentrieren.

Mit Keimsprossen läßt sich das Gartenjahr beliebig erweitern und die Vitaminzufuhr auch für die kalte Jahreszeit sichern.

beeren gute Freunde (siehe auch S. 16).

Diese Eigenschaften haben zur Folge, daß im Kräuterbeet relativ wenige Pflanzenschutzprobleme auftauchen, sofern man die Standortanforderungen (Boden, Besonnung etc.) für die einzelnen Arten sowie die empfohlenen Abstände einhält. Und wo sich doch einmal ein unliebsamer Pilz oder eine gefräßige Laus einfindet, da helfen Mittel, die man aus anderen Kräutern herstellen kann (siehe S. 96).

Die herben Ausdünstungen des Liebstöckels (links) halten auch Krankheiten und Schädlinge ab. Im Fall des Wermuts profitiert davon sogar der benachbarte Johannisbeerstrauch (unten).

Der Traum jedes Gärtners: Pflanzen, die sich selber schützen

Intensive Aromastoffe und Gifte sind oft selbst den Schädlingen und Krankheitserreger zuviel. Deshalb lassen sie die gehaltvollen Kräuter in Ruhe. Doch damit nicht genug: Die Ausdünstungen sind manchmal so kräftig, daß sie auch noch genügen, um den Nachbarn zu schützen. Kräuter sind deshalb bewährte Mischkulturpartner, untereinander ebenso wie im Gemüse- oder Blumenbeet – siehe die Angaben ab Seite 16. Einige allerdings besitzen so aufdringlich und unangenehm duftende Inhaltsstoffe, daß sie am besten etwas abseits stehen, wie beispielsweise Liebstöckel oder Wermut. Letzterer hat wenigstens in den Johannis-

Häufige Schadursachen im Kräuterbeet

Schnecken machen auch vor Kräutern nicht grundsätzlich Halt – aber vor einigen Arten. Besonders gefährdet: Basilikum; deshalb am besten in einem Balkongefäß kultivieren. Andere zarte Blattkräuter kann man zum Beispiel durch eine stark duftende Randpflanzung aus Thymian schützen, allerdings nie hundertprozentig.

Läuse sieht man besonders gerne an Borretsch und Kapuzinerkresse. Wenn dadurch nicht die ganzen Pflanzen unbrauchbar werden, läßt man sie gewähren. In naturnaher Umgebung finden sich bald Nützlinge ein (Marienkäfer, Florfliegen, Gallmücken...), die ihnen nachhaltiger den Garaus machen als die »chemische Keule«. Ansonsten helfen Präparate auf Schmierseifenbasis.

Mehltau tritt als weißlicher Belag besonders häufig an Ringelblumen auf, nach längerer nasser Witterung und bei zu engem Stand. Bei Befall ist es für Maßnahmen zu spät; vorbeugend ist auf genügend Abstand zu achten.

Rost ist ebenfalls eine Gefahr für Pflanzen, unter anderem für die Pfefferminze. Diese Pilzkrankheit verursacht auf den Blättern »Rostflecken«. Auch hier ist vorbeugend auf luftigen Stand zu achten. Bei Befall wird scharf zurückgeschnitten.

Die Folge feuchter Witterung: Mehltaubefall.

Selbstverständlich sollten auch im Kräuterbeet eine übermäßige Konkurrenz von Wildkräuter (bei Gärtnern allgemein als »Unkräuter« in Verruf geraten) vermieden werden. Chemische Präparate jedoch sind völlig unangebracht. Um gleichzeitig den Boden zu lockern, kann gelegentlich gehackt werden. Da allerdings viele der Wildkräuter auch heilende Kräfte besitzen, dürfen sich manche wilde Zuwanderer gerne in die vornehme Gesellschaft der Gartenkräuter integrieren.

29

Fachgerecht ernten

Das Ziel jedes Nutzpflanzen-
anbaus ist die Ernte. Einfach in
den Garten zu gehen und die
Pflanzen abzuschneiden, damit
ist es jedoch nicht getan –
schon gar nicht bei den Kräutern. Um möglichst viel von
diesen empfindsamen Prima-
donnen zu haben, um ihr Aroma und ihre wertvollen Inhaltsstoffe so gut wie möglich zu erhalten, muß man einiges wissen.
Daß man die Pflanzenteile
kennt, die jeweils für den vorgesehenen Zweck verwendbar

**Kurz vor der Blüte ist der Wirk-
stoffgehalt in der Regel am
höchsten.**

sind, ist das Mindeste. Erntet
man die Blätter, die Blüten, die
ausgereiften Samen oder das
ganze oberirdische Kraut, oder
muß man gar die Wurzeln ausgraben?
In den meisten Fällen haben wir
Blattkräuter vor uns; das läßt
sich im Einzelnen bei den Por-
träts nachlesen. Aber auch für
Blüten- und Samenkräuter gelten die nachfolgenden Regeln
für die Ernte.
Für den täglichen Frischverbrauch läßt sich von den Blatt-
kräutern fast während der ganzen Vegetationsperiode ernten,
nämlich solang die Pflanzen
kräftig genug sind, um einen
kleinen »Aderlaß« zu vertragen.
Hierfür braucht man sich nach
keinen festen Regeln zu richten,
sondern erntet einfach nach Bedarf.

Der richtige Zeitpunkt
Anders bei der Haupternte.
Diese wird vorgenommen, um
einen möglichst großen Vorrat
des jeweiligen Krauts zu erhalten, also auch möglichst zu Zeiten, in denen die meisten wertvollen Inhaltsstoffe vorhanden
sind. Deren Gehalt ist sowohl
stark abhängig vom Standort
als auch vom Witterungsverlauf.
Letzteres können wir nur beschränkt beeinflussen. Dagegen
können wir uns beim günstig-
sten Erntetermin an altbewährte,
oder auch an neue, wissen-
schaftliche Erkenntnisse halten.
Zum Beispiel kann als gesichert
gelten, daß im Stadium **vor
oder zu Beginn der Blüte** die
höchsten Gehalte zu messen
sind. Innerhalb des Tagesrhyth-
mus gilt selbiges für die Mittags-
zeit, zumindest wurde dies für
die ätherischen Öle festgestellt.
**Nach einigen sonnigen
Tagen** entstehen wesentlich
mehr Wertstoffe als nach einer
Regenperiode. Von Versuchen
mit den kosmischen Aussaatda-
ten wissen wir außerdem, daß
die Kräuter bei **Mondstand im
Skorpion** am gehaltvollsten
sind.
Da für die weitere Verarbeitung
jedoch nicht alleine die Inhaltsstoffe ausschlaggebend sind,
sondern auch der physische
Zustand der Kräuter, kommt
noch ein anderes Kriterium in
Betracht: Sie sollten nämlich
weder feucht sein (nach Regen
oder Morgentau), noch schlapp
durch die heiße Mittagssonne.
Der Kompromiß für die optimale Erntezeit liegt deshalb am

Die heilkräftigen Stoffe des Baldrians ziehen sich vor dem Winter in die Wurzeln zurück.

späten Vormittag eines sonnigen Tages, nachdem der Morgentau gerade abgetrocknet ist, im Anschluß an einen vorherigen Sonnentag.
Bei einer Großzahl der Kräuter findet die Haupternte im Juli statt. Manche Arten können sogar mehrmals zurückgeschnitten werden, weil sie immer wieder reichlich austreiben. Als Sammelbehälter verwendet man am besten Körbe, worin die Kräuter locker lagern können. Plastiktüten sind ungeeignet.

Sonderfälle:
Samen und Wurzeln

Samenkräuter sind in mehreren Fällen Doldenblütler, wie Kümmel und Koriander. Und diese Dolden haben die unangenehme Eigenschaft, daß die einzelnen Samen nicht einheitlich, sondern zu verschiedenen Terminen ausreifen. Damit also nicht schon die Hälfte der Samen ausgefallen ist, bevor die letzten Samen reif werden, muß man entweder schon beim Reifwerden der ersten Individuen den ganzen Samenstand ernten und zur Nachreife kopfüber aufhängen (Unterlage nicht vergessen!). Oder man umwickelt einzelne Samenstände rechtzeitig mit einem Stoff, der die früher ausfallenden Samen auffängt. Nach

dem vollständigen Ausreifen werden die Samen auf einer großen Unterlage ausgeklopft und durch Ausblasen von der Spreu getrennt.
Wurzeln werden im Winterhalbjahr ausgegraben, weil sich die Wirkstoffe zu dieser Jahreszeit in die unterirdischen Organe

zurückziehen. Allerdings sollte noch kein Frost herrschen, weshalb diese Arbeit meist im Oktober/November vorgenommen wird. Auch über Nacht ziehen sich einige der Wertstoffe in die Wurzeln zurück, weshalb der frühe Morgen der beste Erntezeitpunkt ist.

31

Verarbeitung und Konservierung

Erste Handlung nach der Ernte wird in der Regel das Waschen der gewonnenen Kräuterschätze sein. Wenn sie konserviert werden sollen, ist bei Blättern und Blüten ein nochmaliges Benässen eigentlich zu vermeiden, aber die mittlerweile allgegenwärtigen Auto- und Industrieabgase verderben meist den Appetit auf Ungewaschenes. Bei dieser Gelegenheit werden gleich kranke Pflanzenteile aussortiert; sie eignen sich nicht als Gewürz und schon gar nicht als Heilmittel.

Bei Wurzeln ist das Waschen unumgänglich und bereitet auch keine Schwierigkeiten. Über die Blätter läßt man vorsichtig lauwarmes Wasser rieseln. Vor der weiteren Verarbeitung sollte das Erntegut kräftig ausgeschüttelt werden und gut abtropfen.

Nichts geht über Frische!

Das beste Argument für den eigenen Kräuteranbau ist die Möglichkeit, sie für den Verbrauch frisch aus dem Garten holen zu können, um sie mit dem Wiegemesser zu zerkleinern und über Salate zu streuen, in Soßen zu mischen oder einen Tee zuzubereiten. Nur so kommt man in den Genuß des vollständigen natürlichen Geschmacks, nur so bleiben die würzigen und heilkräftigen Inhaltsstoffe komplett erhalten. Einige wenige Arten

Das Trocknen ist die gängigste Form, um Kräuterschätze haltbar zu machen. Am besten allerdings im Schatten!

können auch praktisch nur so verwendet werden; Schnittlauch und Borretsch sind hier neben den Salatkräutern, die ausschließlich zum Frischverbrauch dienen, zu nennen.

Kochen oder nicht? Manche Kräuter geben ihre Würze erst ab, wenn sie mitgekocht werden, bei anderen werden die Wertstoffe durch diese Behandlung zerstört; sie dürfen erst kurz vor dem Servieren beigegeben werden. Beachten Sie dazu die Angaben bei den einzelnen Arten!

Wer jedoch auch in der kalten Jahreszeit über Kräuter verfügen und die Haupternte nicht versäumen will, der kommt um die Konservierung nicht herum. Je nach Vorliebe und Verwendung, vor allem aber je nach Inhaltsstoff stehen hierfür verschiedene Methoden zur Verfügung, die im Folgenden kurz erläutert werden. Welche Methode zu bevorzugen ist, findet man beim jeweiligen Kräu-

terporträt angegeben. Die so erzielten aromatischen Essenzen sollte man in luftdichte Behälter füllen und deutlich beschriften, damit es später nicht zu unliebsamen Verwechslungen kommt. Und was nicht in der Tiefkühltruhe landet, sollte dunkel und kühl aufbewahrt werden.

Trocknen

Für zahlreiche Gewürz- und Teekräuter hat sich die Trocknung als einfache und wirkungsvolle Methode bewährt, um sie etwa ein Jahr lang haltbar zu machen – aber leider nicht für alle. Petersilie und Dill zum Beispiel verlieren dabei viel an Geschmack.

Die meisten anderen Kräuter aber, von denen ganze Triebe geerntet werden, kann man zu Sträußen zusammenbinden und kopfüber an einem schattigen, luftigen Plätzchen aufhängen, zum Beispiel im Speicher, auf der Loggia oder an der Pergola (nicht jedoch in der Küche). Kurzfristiger Lohn ist nicht nur der Duft, sondern auch ein malerischer Anblick. Andere Methode für Blätter, Blüten und Samen: Auf Netzen oder luftigen Stoffen auslegen, die – in Holzrahmen gespannt – aufgehängt werden können. Nach dem Trocknen ist es einfach, die bröseligen Blätter von den Stielen zu trennen.

Wichtig ist in jedem Fall, daß die Kräuter nicht der direkten Sonnenbestrahlung bzw. Temperaturen über 42°C ausgesetzt sind. Bei solch schonender

Trocknung bleiben die Wertstoffe zum großen Teil erhalten. Nur einige wenige Inhaltsstoffe vertragen Temperaturen bis 65°C.

Dies gilt auch für Wurzeln, obwohl man für diese bevorzugt den Backofen oder andere Apparaturen zu Hilfe nimmt, weil sie leicht zu faulen beginnen oder von Schädlingen befallen werden, wenn sie nicht rasch genug trocknen. Die Ofentemperatur darf also 40 bis 50°C keinesfalls übersteigen. Um das Trocknen zu erleichtern, werden die dicken Wurzeln gespalten. Durch diesen Spalt läßt sich auch eine Kordel ziehen, um die Wurzeln zum

In einem solchen Dörrapparat können auch Kräuter rasch und schonend getrocknet werden.

Trocknen aufzuhängen, wobei sogar die Sonne etwas mithelfen darf. Wenn die Wurzeln völlig spröde sind, kann man sie zerkleinern und in Gefäße füllen.

Sowohl für Wurzeln als auch für Blätter oder Früchte eignen sich hervorragend die Dörrapparate, wie sie im Haushaltsbedarf vielfach angeboten werden. Die Flächen sind zwar klein, aber durch die kräftige Luftumsetzung geht die Trocknung rasch vor sich. Auch hier ist auf die Temperatur zu achten.

Kräutermischungen werden in Eiswürfeln zu handlichen Portionen verarbeitet.

Vor allem viele Lippenblütler geben beim Einlegen ihre Wertstoffe an Öl oder Essig ab.

von denen wir gehört haben, daß sie beim Trocknen viel an Gehalt verlieren. Zitronenmelisse oder Pfefferminze dagegen erweisen sich als weniger gefriergeeignet.

Genaugenommen ist Tee ein Wasserauszug, der aber weniger zur Konservierung benutzt wird als vielmehr zur »Einnahme« verschiedener Geschmacks- und Wirkstoffe aus der frischen oder getrockneten Droge in flüssiger Form. Je nach Intensität der Ausgangssubstanz nimmt man dazu 1–2 Teelöffel Trockensubstanz, übergießt sie mit $\frac{1}{4}$ Liter kochendem Wasser und läßt das Ganze 10 Minuten ziehen. Werden frische Kräuter verwendet, so nimmt man die 6–8fache Menge und läßt sie vor dem Ziehen am besten kurz aufkochen. Wurzeln werden meist kalt angesetzt, bevor man sie kurz aufkocht.

Einfrieren

In vielen Fällen ist das die schonendste Methode. Dies betrifft insbesondere Petersilie und Dill,

Je rascher die Kräuter nach der Ernte im Tiefkühlschrank eingefroren werden, desto besser. Dazu füllt man sie am besten in Plastikdöschen oder -beutel. Danach lassen sie sich häufig auch leicht zerkleinern. Ein alter Hausfrauentrick: Frieren Sie kleine Kräutermengen, mit etwas Wasser übergossen, im Eiswürfel-Behälter ein. Solche Portionen lassen sich einfach zu Salaten oder Soßen beifügen. Selbstverständlich kann man für diesen Zweck auch Mischungen anfertigen.

Einlegen in Essig oder Öl

Dill-, Estragon- oder Basilikum-Essig ist bekannt, auch Melisse und andere Kräuter geben dem Essig eine interessante Würznote. Ebenfalls Basilikum sowie Oregano, Thymian, Salbei und andere Lippenblütler geben ihren Geschmack gerne an Speiseöl ab. Das Vorgehen ist einfach: Man füllt die Kräuter in eine Flasche und überdeckt sie vollständig mit der Flüssigkeit. Dabei sollte man sich einen guten Wein- oder Obst-Essig beziehungsweise ein kaltgepreßtes (Oliven-)Öl leisten. Erst solche etwas höherwertigen Produkte verleihen unserem Kräuterauszug den zustehenden Wert.

Während die kompletten Pflanzenteile im Essig einen hübschen Anblick abgeben, werden sie für den Öl-Auszug zerkleinert, weil sie ihre Inhaltsstoffe dann wirkungsvoller abgeben. Außerdem verwendet man für das Öl ein durchscheinendes Gefäß, welches in der Sonne aufgestellt wird. Nach etwa 3 Wochen, während denen das Ganze mehrfach durchgeschüttelt wird, sind die Inhaltsstoffe größtenteils in Essig bzw. Öl übergangen. Das Öl wiederum ist vor Gebrauch abzufiltern; den Siebrückstand preßt man nochmals kräftig aus, damit möglichst wenig verlorengeht.

Kräutersalz

Vor allem viele der traditionellen heimischen Gewürze können wirkungsvoll haltbar gemacht werden, indem man sie

Die Wirkstoffe der Ringelblumen-Blüte gewinnt man durch Einlegen in Fett.

möglichst fein zerkleinert und zu einem Viertel Gewichtsanteil Salz beimischt. Petersilie, Dill, Estragon und Majoran werden gerne hierzu verwendet, die Lippenblütler etwas vorsichtiger, zum Beispiel Oregano oder Bohnenkraut. Zwiebelgewächse sind für die Konservierungsmethode ungeeignet. Dagegen macht es sich oft gut, wenn zusätzlich Paprika oder würzige Wurzeln von Pastinake, Sellerie oder Liebstöckel durch den Fleischwolf gedreht und beigemischt werden.

Fettauszug

Zur Herstellung von Salben läßt man vor allem die Wirkstoffe von zermahlenen Ringelblumen oder Beinwellwurzeln gerne in Schweinefett einziehen; auch Lanolin oder Eucerin sind geeignet. Das Fett wird für die mehrstündige Prozedur zwar verflüssigt, aber möglichst nicht höher als auf 70°C erwärmt.

Das typisch deutsche Würzkraut

Petersilie

(Petroselinum crispum)

<u>Botanisches:</u> Das bekannte Küchengewürz stammt ursprünglich aus dem südöstlichen Mittelmeerraum. Die Pflanze entwickelt fleischige Wurzeln und ist zweijährig, das heißt, erst im Mai des zweiten Lebensjahrs entsteigt aus der Blattrosette die bis zu 120 cm hohe Doldenblüte. Da der Verbraucher ausschließlich am Laub interessiert ist, wird die Petersilie in der Regel nur einjährig kultiviert – außer zur Samengewinnung.

Während die krausblättrige Sorte ('Mooskrause') aus optischen Gründen bevorzugt wird – sie eignet sich hervorragend zum Garnieren –, können die glattblättrigen mit einem kräftigeren Aroma aufwarten

<u>Standort:</u> Die Petersilie bevorzugt humose und nährstoffreiche Böden, kann also gut im Gemüsebeet stehen. Relativ saure Moorböden werden ebenso vertragen wie halbschattige Lagen.

<u>Anbau:</u> Ab März kann direkt ins Freiland ausgesät werden mit einem Reihenabstand von etwa 30 cm. Die Samen, möglicherweise vorgequollen, sollten nicht mehr als 1 cm hoch mit Erde bedeckt und bis zur Keimung gut feucht gehalten werden, ohne daß das Substrat ver-

schlämmen darf. Später wird auf 15 cm in der Reihe ausgedünnt.

Wie viele Doldenblütler benötigt Petersilie eine lange Keimzeit von 21 Tagen und ist in dieser Zeit empfindlich, weshalb sich eine Vorkultur in Schälchen oder Töpfen bewährt hat. Vor dem Auspflanzen der kräftigen Jungpflanzen im Mai sollte zwischendurch einmal pikiert werden.

Petersilie ist absolut selbstunverträglich. Bei mehrmaligem Anbau auf demselben Platz nehmen verschiedene Schäden überhand. Deshalb sollte Petersilie nur alle 3–4 Jahre am gleichen Standort angebaut werden. Wer trotzdem immer wieder Schwierigkeiten mit der Aussaat hat, sollte es einmal im Sommer probieren. Bei entsprechenden Temperaturen sind die Bedingungen zum Keimen optimal. Allerdings darf man nicht vergessen, die Saat feucht zu halten.

Petersilie verträgt keine frische Mistdüngung. Organische Dünger dürfen zur Pflanzung verabreicht werden. Wenn man die Pflanzen komplett beerntet, empfiehlt sich nach jedem Schnitt eine Gabe von 2–3 Handvoll organischem Volldünger pro Quadratmeter.

Im Winter läßt sich Petersilie im Gewächshaus kultivieren. Dazu

Bei der Wurzelpetersilie erntet man im Herbst (im 2. Jahr ist die Ausbeute größer) die weißlichen Rüben aus der Erde. Sie eignen sich vor allem für Suppengrün, Rohkostsalate oder Gemüse, ähnlich wie Sellerie. Was nicht sofort verbraucht wird, schlägt man in Sand ein und bewahrt das Ganze in einem kühlen Raum auf.

Beläßt man der Rübe den Vegetationspunkt, so kann man sie auch im Winter antreiben, um auf dem Fensterbrett Petersiliengrün zu gewinnen.

Gewürz eingesetzt. Die Verwendungsmöglichkeiten für Salate, Suppen, Soßen, Kartoffeln und andere Gemüse sowie Fleisch aller Art sind nahezu unbegrenzt.

Trotz dieser Vielseitigkeit muß vor einer übertriebenen Anwendung abgeraten werden. Wie so vieles Gutes kann auch die Petersilie im Übermaß Schaden anrichten. Dies gilt um so mehr bei Schwangerschaft.

Krause Petersilien-Sorten sind hübscher zur Garnierung, glattblättrige sind gehaltvoller.

Wurzelpetersilie kann im Winter am Fensterbrett angetrieben werden.

wird spätestens im August direkt gesät oder im September gepflanzt, bei etwas geringerem Reihenabstand von 20 cm.

Ernte und Konservierung: Ab Mai können laufend Blätter für den Frischverbrauch gewonnen werden. Dies ist solange möglich, bis die Pflanze zurückfriert. Sogar im nächsten Frühjahr kann man noch solange ernten, bis sich die Blüte entwickelt. Zur Saatgutgewinnung kann man einige Pflanzen blühen lassen. Bei Direktsaat darf man eventuell schon im Mai einen vollständigen Ernteschnitt vornehmen, und in Folge etwa alle 6 Wochen erneut.

Petersilie sollte man nicht mitkochen, sondern möglichst frisch und roh servieren, weil sie sonst zuviel von ihrem Aroma verliert. Muß sie jedoch konserviert werden, so gehört Petersilie zu den wenigen Kräutern, die man im Backofen trocknen darf, bei geöffneter Türe und Temperaturen nicht über 90°C. Daneben sind noch das Einfrieren oder Einsalzen gängige Methoden, um ihre Würze haltbar zu machen.

Wirkstoffe und Verwendung: Die Blätter enthalten neben ätherischen Ölen vor allem sehr viel Vitamin C, was ihren Wert ausmacht. Trotz der verdauungsfördernden, blutreinigenden, wassertreibenden und schleimlösenden Wirkung wird die Petersilie fast ausschließlich als

Schmackhaftes Laub von Doldenblütlern

Kerbel

(Anthriscus cerefolium)

Botanisches: Heimisch ist die einjährige Pflanze ursprünglich in Südosteuropa. Die zwischen Mai und August erscheinenden Blütenstände werden bis zu 70 cm hoch.

Standort: Frische und lockere Gartenböden in halbschattiger Lage eignen sich am besten.

Anbau: Ab März bis Juli wird entweder breitwürfig oder in Reihen (Abstand 15 cm) ins Freiland gesät. Kerbel braucht Licht und viel Zeit zum Keimen, wie Petersilie. Wie bei dieser gibt es außerdem glatt- und krausblättrige Sorten.

Als Vorkultur im Gemüsebeet bekommt er keine Düngung. Nach dem Schnitt oder bei Bedarf nach dem Auflaufen können 2 Handvoll organischer Volldünger pro Quadratmeter verabreicht werden. Wichtigste Pflegemaßnahmen: Unkraut hacken und Blüten ausschneiden.

Ernte und Konservierung: Bereits nach ca. 5 Wochen kann man die Triebe schneiden. Dabei ist im Hinblick auf spätere Ernten (nach weiteren 4 Wochen) darauf zu achten, daß das Herz nicht beschädigt wird. Die Blätter werden nicht mitgekocht, sondern roh beigegeben. Beim Einfrieren und Einsalzen bleibt der Geschmack besser erhalten als bei langsamem Trocknen.

Wirkstoffe und Verwendung: Ätherische Öle, Bitterstoffe und Vitamin C ergänzen sich zu einer stoffwechselfördernden und blutreinigenden Wirkung. Der süßlich aromatische Geschmack paßt am besten zu Salat, Tomaten, Brotaufstrichen, Suppen oder Lammfleisch.

Liebstöckel

(Levisticum officinale)

Botanisches: Die mannshohe Staude kam über Vorderasien und Südeuropa in unsere Breiten. Die Blütendolden zeigen sich von Juni bis August.

Standort: Der Boden sollte frisch und humos, tiefgründig und nährstoffreich sein.

Anbau: Liebstöckel kann ab Februar unter Glas oder ab Mai direkt ausgesät werden. Leichter erhält man durch Stockteilung bereits ausgewachsene Exemplare, die im April oder September/Oktober zu pflanzen sind. Eine Pflanze genügt pro Haushalt (siehe Abb. S. 28). Im Frühjahr oder nach einer kräftigen Ernte ist die Gabe von einer Handvoll organischen Düngers zu empfehlen. Bei unbefriedigendem Wachstum leistet oft etwas Algenkalk Abhilfe. Zur Wurzelernte Blüten entfernen.

Den süßlich-würzigen Kerbel kann man schon nach 5 Wochen ernten.

Ernte und Konservierung: Das Kraut kann man laufend ernten, möglichst vor der Blüte. Zum Konservieren kann es getrocknet, eingefroren und in Essig oder Öl eingelegt werden. Auch die Wurzeln werden verwendet. Man gräbt sie im zweiten Herbst aus und wäscht sie. Nachdem sie fein gehackt sind, dürfen sie trocknen. Anschließend werden sie vermahlen.

Wirkstoffe und Verwendung: Liebstöckel enthält neben ätherischen Ölen Harz, Stärke und Säuren. Zarte Blätter, aber auch die Wurzeln können in kleinen Mengen bei Suppen und Soßen, Eintopf- und Fleischgerichten mitgekocht werden, um die maggiähnliche Würze sowie eine verdauungsfördernde und harntreibende Wirkung zu erzielen. Schwangere sollten mit diesem Gewürz zurückhaltend sein. Wurzeltee gilt als gutes Mittel u. a. bei Magenbeschwerden.

Schnittsellerie
(Apium graveolens)

Botanisches: Die Wildform blüht im zweiten Frühjahr, in Kultur wird er aber nur einjährig angebaut. Neben der hier besprochenen Blattzüchtung gibt es noch Stiel- und den bekannten Knollensellerie.

Standort: Auf salzhaltigen Böden und in mildem Klima in der ganzen Alten Welt zuhause. Im Garten sollte der Boden ausreichend feucht und nährstoffreich sein.

Anbau: Geschützte Vorkultur ab März (Lichtkeimer), pikieren, nach den Eisheiligen ins Freiland pflanzen. Ab Mai auch Direktsaat mit 35 cm Abstand, später auf 25 cm vereinzeln. Sellerie verträgt eine kräftige Kompostdüngung, eventuell Juni/Juli nochmal eine raschwirkende Kopfdüngung (z. B. Brennesseljauche).

Ernte und Konservierung: Blätter ab Juni laufend frisch ernten. Herzblätter belassen. Nach der Haupternte im Herbst entweder einfrieren oder trocknen.

Wirkstoffe und Verwendung: Ätherische Öle, Bitterstoffe und

Im Gegensatz zur Knollenform wird Schnittsellerie nur als Gewürz zugesetzt.

sogar Hormone machen Sellerieblätter (kleingeschnitten) zu einem wassertreibenden und die Lebenskräfte anregenden Gewürz, das zu Salaten, besser mitgekocht zu Suppen, Kartoffel- und Eintopf- sowie Fleischgerichten paßt.

Die würzigen Früchte der Doldenblütler

Die in diesem Abschnitt beschriebenen Kräuter benötigen in der Regel keine eigene Düngung. Die erwünschte Samenbildung wird im mageren Kräuterbeet ausreichend gefördert, und als Mischkultur im normal ernährten Gemüsebeet reichen die Vorräte sowie aus.

Dill

(Anethum graveolens)
<u>Botanisches:</u> Die einjährige Pflanze stammt ursprünglich aus Vorderasien. Wenn sie von Juli bis September blüht und dabei ihren Duft verbreitet, wird sie bis zu 120 cm hoch. Tetraploide Sortenzüchtungen sind dichtlaubiger als die übrigen.
<u>Standort:</u> Der Untergrund sollte frisch, aber durchlässig und humos sein. Außerdem ist Dill kalkliebend. Windgeschützte Sonnenlagen sind optimal.
<u>Anbau:</u> Dill kann ab April bis Juli flach ausgesät werden, direkt ins Freiland mit 20 cm Reihenabstand. Eventuell Samen zuvor spülen, um Keimhemmung zu überwinden. Vorkultivierte Pflänzchen lassen sich nur mit Wurzelballen erfolgreich pflanzen. Stallmist oder Frost verträgt das empfindsame Kraut nicht. Gerne als Mischkultur mit Möhren oder Gurken im Gemüsebeet, dabei auf Fruchtwechsel mit Doldenblütlern achten.
<u>Ernte und Konservierung:</u> Das zarte Blattgefieder kann man laufend für Salate schneiden. Die Samen läßt man an der Pflanze ausreifen, bis sie leicht braun werden. Aber vor dem Ausfallen müssen die Fruchtstände, am besten bei trockenem Wetter und am frühen Morgen, geerntet werden.
<u>Wirkstoffe und Verwendung:</u> Die hohen Gehalte an ätherischen Ölen wirken in erster Linie magenstärkend und beruhigend. In diesem Sinne wird auch der Tee aus Dillsamen eingesetzt.

Von den zarten Dillgewächsen kann man die Blätter ebenso wie die Samen ernten.

Mit ihrem aromatisch erfrischenden, leicht bitteren Geschmack ergänzen die Blätter hervorragend Salate und Gemüse aller Art, zahlreiche (helle) Soßen sowie Fleisch und Fischgerichte. Dabei wird das Kraut nicht mitgekocht, sondern kurz vor dem Servieren beigegeben. Typische Verwendung: zum Einlegen von Gurken.

Um den Geschmack zu erhalten, sind Einfrieren oder Einlegen (in Essig oder Öl) besser geeignet als das Trocknen.

Kümmel
(Carum carvi)

Botanisches: Der Kümmel ist in Europa und Asien zuhause. Wenn er ab Mai des zweiten Jahres seine Blütendolden bildet, erreicht er eine Höhe bis zu 120 cm.

Standort: Er wächst wild auf feuchten Wiesen, auch halbschattig, und benötigt für eine optimale Entwicklung tiefgründige, kalkhaltige Böden.

Anbau: Der Lichtkeimer wird von April bis Juli flach ins Freiland gesät, mit 30 cm Reihenabstand. Boden laufend feucht halten.

Ernte und Konservierung: Die Samen werden zur Reife, ab Juli des zweiten Anbaujahrs, braun. Man läßt die abgeschnittenen Dolden luftig trocknen und klopft anschließend die einzelnen, halbmondförmigen Früchte aus. Erst in völlig abgetrocknetem Zustand dürfen sie in ein verschlossenes Gefäß gefüllt werden.

Die Verwandtschaft von Kümmel (oben) und Koriander (unten) ist kaum zu übersehen. Beide fördern die Verdauung.

Auch die jungen Blätter können während des ersten Jahres zum Würzen verwendet werden.

Wirkstoffe und Verwendung: Die ätherischen Öle helfen bei Magen- und Darmbeschwerden sowie gegen Blähungen. Daher ist er eine bewährte Zutat bei allen schwerverdaulichen Speisen (Gemüse, Fleisch, Brot) oder zum Sauerkraut. Ein Tee erzielt die selben Wirkungen.

Koriander
(Coriandrum sativum)

Botanisches: Die einjährige Pflanze stammt aus dem Mittelmeerraum und blüht ab Juni mit kleinen, weißlich-rosa Dolden. Dabei wird sie bis zu 70 cm hoch.

Standort: Sonnig-warme Lagen auf durchlässigen, kalkhaltigen Böden.

Anbau: Direktaussaat (1–2 cm tief) ab April mit 30 cm Reihenabstand, später auf 15 cm Abstand ausdünnen. Außer gelegentlicher Bodenlockerung, bei der störende Wildkräuter entfernt werden, braucht das anspruchslose Kraut wenig Pflege.

Ernte und Konservierung: An bedeckten Tagen im August sind die Fruchtstände zu ernten, bevor die Samen voll ausreifen und von selbst zu Boden fallen. Die Dolden werden kopfüber aufgehängt. Nachdem die kugelrunden, aus zwei Hälften bestehenden Samen völlig trocken sind, werden sie ausgeklopft und in einem geschlossenen Behälter aufbewahrt. Auch junge Triebspitzen können zum Würzen zum Beispiel Salaten und anderen Rohkostgerichten beigegeben werden.

<u>Wirkstoffe und Verwendung:</u> Die ätherischen Öle wirken ähnlich wie Kümmel, nämlich appetitanregend und krampflösend, und schmecken etwas frischer. Koriander eignet sich als Gewürz zu Gemüsen, zu Currysoßen und zum Einmachen, aber auch zu Brot und zu Lebkuchen.

Anis

(Pimpinella anisum)
<u>Botanisches:</u> Das frostempfindliche Gewürzkraut aus der östlichen Mittelmeerregion kommt ab Juli zur Blüte und wird bis zu 80 cm hoch. Die Züchtungen, die in unserem Klima gut gedeihen, besitzen weniger Aroma als die südländischen Geschwister.

<u>Standort:</u> Pflanze und Kultur ähneln sehr dem Koriander: Sonnig warme Lagen auf durchlässigem, kalkhaltigem Untergrund werden bevorzugt. Ohne genügend Wärme kommen die Früchte nicht zur Reife.

<u>Anbau:</u> Direktsaat (2–3 cm tief) ab April mit 25 cm Reihenabstand, keimt langsam. Später auf 15 cm ausdünnen. Gelegentlich den Boden lockern.

<u>Ernte und Konservierung:</u> Die ersten Früchte werden ab August reif. Die Samenstände werden luftig aufgehängt, nach dem Abtrocknen ausgeklopft und dann in einen Behälter verschlossen.

<u>Wirkstoffe und Verwendung:</u> Das enthaltene ätherische Öl fördert die Verdauung, wirkt gegen Blähungen und hilft Schleim zu lösen. Ein Tee aus den Samen wird deshalb bei schleimigem Husten eingesetzt. Das Gewürz mit dem typisch süßlichen Geschmack gibt man vorsichtig zu verschiedenen Gemüsen (Rotkohl, Rote Bete). Ebenso zu verwenden bei Backwaren oder Likören.

Gewürzfenchel

(Foeniculum vulgare)
<u>Botanisches:</u> Auch dieses Samengewürz kommt aus der Mittelmeerregion. Es ist mehrjährig und kann auch bei uns überwintern, wird aber meist nur ein- oder zweijährig kultiviert. Ab Juli des zweiten Jahres bilden sich die über mannshohen Blütenstände.

Im Gegensatz zur Zuchtform des Knollenfenchels konzentriert sich beim Gewürzfenchel das Interesse auf die Samen.

<u>Standort:</u> Fenchel benötigt nicht nur einen mediterran warmen, vollsonnigen und durchlässigen Standort, sondern auch einen tiefgründigen, kalkhaltigen und insbesondere nahrhaften Untergrund.

<u>Anbau:</u> Flache Direktsaat ab April mit 20–25 cm Reihenabstand, im nächsten Jahr auf 50 × 50 cm Abstand verpflanzen.

(Mist-)Kompost beschleunigt die Entwicklung. Vor der Überwinte-

rung kräftig zurückschneiden und in rauheren Gegenden etwas gegen Frost abdecken oder gar einschlagen.

Die Pflanzen nehmen relativ viel Raum ein. Deshalb wird man ihnen bevorzugt in großen Gärten Platz einräumen.

<u>Ernte und Konservierung:</u> Ab August des zweiten Jahres zeigen die Früchte ihre Reife durch Braunwerden. Da sie nicht gleichzeitig reifen, muß

Kümmel, Koriander und Anis (von links) muß man rechtzeitig ernten, bevor die Samen ausfallen.

Insekten interessieren sich für die Blüten, Mütter von Kleinkindern vor allem für die Früchte des Gewürzfenchels – er reguliert die Verdauung.

man entweder mehrmals durchernten oder die ganzen Dolden zum Nachreifen und Trocknen aufhängen. Anschließend kann man sie über einer Zeitung oder einem Stoff ausklopfen und die Samen in einen Behälter füllen.

<u>Wirkstoffe und Verwendung:</u> Die magenanregenden, krampflösenden und blähungstreibenden Wirkungen der enthaltenen ätherischen Öle sind durch die Säuglingstees weitgehend bekannt. Der Samentee hilft auch bei Husten und zur Beruhigung. Außerdem mit seinem süßlich-würzigen Geschmack häufig Zusatz bei Backwaren. Junge Triebe passen als frisches Gewürz zu Salaten, Soßen, Suppen und Gemüsen.

Aromatische Lippenblütler

Bohnenkraut
(*Satureja* spec.)

Botanisches: Im Garten finden zwei Arten Verwendung: Das einjährige Bohnenkraut *(S. hortensis)* sowie das Bergbohnenkraut *(S. montana),* ein mehrjähriger Halbstrauch. Beide stammen aus dem Mittelmeerraum und werden nicht höher als 40–50 cm. Die Blüte, beim Bergbohnenkraut (ab Juni) etwas früher als bei der einjährigen Art, ist eine hochgeschätzte Bienenweide.

Standort: Leichte, humose, kalkhaltige Gartenböden in sonniger Lage sind für die einjährige Art optimal. Das Bergbohnenkraut ist eher noch anspruchsloser und nimmt mit einem warmen Plätzchen im Steingarten vorlieb.

Anbau: Beide Arten sind Lichtkeimer und können von April (möglichst im Frühbeet) bis Mai ausgesät werden. Bei der einjährigen Art lohnt sich eventuell auch eine geschützte Vorkultur ab März mit Auspflanzung im Mai.
Es empfiehlt sich eine Mischkultur im Gemüsebeet, bevorzugt mit Bohnen. Andernfalls sind 25 cm Reihenabstand einzuhalten.

Im Gegensatz zum kurzlebigeren Bruder wird das Bergbohnenkraut mehrere Jahre alt.

Nach einem vollständigen Ernteschnitt darf eine kleine Gabe Hornmehl verabreicht werden, ebenso wie zum Rückschnitt des Halbstrauchs nach der Überwinterung, für die in kalten Gegenden eine Reisigabdeckung zu empfehlen ist. Ansonsten wird bestenfalls etwas Algenkalk benötigt. Die einjährige Art ist frostempfindlich.

Ernte und Konservierung: Blätter und Triebspitzen können laufend geerntet werden. Abgeerntet werden die Pflanzen am besten, bevor sie in Blüte gehen. Danach kann das Kraut gut getrocknet, aber auch in Öl eingelegt oder eingefroren werden.

Wirkstoffe und Verwendung: Ätherische Öle, Gerb- und Bitterstoffe ergänzen sich zu magenstärkenden und belebenden Eigenschaften. Die enge Bindung an Bohnen verdankt es nicht nur der blähungstreibenden Wirkung, sondern auch dem thymianähnlichen, pfefferartigen Geschmack, der beim Bergbohnenkraut etwas stärker ausgeprägt ist. Damit paßt es auch zu vielen anderen Gerichten. Der Tee kann auch bei Husten eingenommen werden.

Basilikum
(Ocimum basilicum)
Botanisches: Das einjährige Kraut stammt aus dem Orient und kommt ab Juli zur Blüte. Es gibt Sorten mit roten und mit verschieden großen Blättern (wobei die kleineren gehaltvoller sind) sowie zahl-

Auf das kräftige Basilikum-Aroma läßt sich bei vielen Gerichten nicht verzichten.

reiche Wild- und Zierformen, die sich durch Aroma oder äußere Form unterscheiden (z. B. Zwerg-, Zitronen-, Krauses Basilikum).

Standort: Eine sonnig warme, windgeschützte Lage ist genauso wichtig wie ein humoser und lockerer Untergrund.

Anbau: Warme Vorkultur ab Ende März. Die Samen benötigen zum Keimen Licht und viel Feuchtigkeit. Nach Ende der Frostgefahr kann auf 15 × 15 cm Abstand ausgepflanzt werden. Da es empfindlich gegen Kälte und Nässe ist sowie gerne von Schnecken verzehrt wird, kann man Basilikum auch im Gewächshaus oder im Balkonkasten weiterkultivieren. Mit einer Düngung läßt sich die Blattentwicklung fördern. Mist verträgt das frostempfindliche Kraut allerdings nicht.

Ernte und Konservierung: Sobald die Pflanzen kräftig genug sind, kann man laufend

Triebspitzen ernten. Dadurch wird die Pflanze auch zum Verzweigen angeregt. Weil sie kurz vor der Blüte den höchsten Aromagehalt aufweist, ist dies der beste Zeitpunkt zur Haupternte. Allerdings verlieren die Blätter beim Konservieren viel Aroma. Einfrieren und Einlegen in Essig oder Öl sind noch schonender als Trocknen. Die frischen Blätter werden nur kleingerissen und nicht mitgekocht.

Wirkstoffe und Verwendung: Die ätherischen Öle sowie Schleim- und Gerbstoffe sorgen für eine beruhigende Wirkung, die bei Magenverstimmungen und Appetitlosigkeit gut anschlägt. Der Tee hilft außerdem bei schleimigem Husten. Das zitrusfrische und kampferscharfe Gewürz kann bei Salaten (Tomaten!) und Soßen sowie bei Fleischgerichten mit Wein und Knoblauch als Leitgewürz eingesetzt werden.

Majoran
(Origanum majorana)

Botanisches: Dieses bei uns einjährige Kraut kommt aus der
Mittelmeerregion. Es blüht zwischen Juni und September und
wird dabei bis zu 50 cm hoch.
Standort: Sonnig warmer Stand
auf durchlässigem, kalkhaltigem, humosem Untergrund ist
erwünscht.
Anbau: Ab März wird der Lichtkeimer auf dem Fensterbrett
bei ständiger Feuchtigkeit vor-
gezogen. Die wärmebedürftigen
Jungpflanzen dürfen erst nach
Ende der Frostgefahr ins Freiland gepflanzt werden, mit
25 × 15 cm Abstand.
Ernte und Konservierung: Blätter und junge Triebe lassen sich
zum Frischverbrauch laufend
gewinnen. Haupternte ist im
Knospenstadium (ab Juli), eventuell nochmals im Herbst. Zum
Konservieren können die Blätter getrocknet, eingefroren oder
in Öl gelegt werden.
Wirkstoffe und Verwendung: Als
beruhigend, schleimlösend und

Der Dost wächst auch mitten in
der Wiese – Hauptsache, der
Boden ist warm und durchlässig.

Majoran wird am besten im
Knospenstadium geerntet.

appetitanregend wird die Wirkung der enthaltenen ätherischen Öle, Gerb- und Bitterstoffe beschrieben. Ein Tee hilft
dementsprechend bei Ver-
dauungsbeschwerden und Blähungen. Das kampferähnliche
Gewürz hat sich in Mitteleuropa
bei Kartoffeln und Eintöpfen, zu
Fleisch, Wild und Geflügel sowie
als Wurst-Zusatz bewährt.

Dost, Oregano
(Origanum vulgare)

<u>Botanisches:</u> Die mehrjährige Staude ist in Südeuropa und Vorderasien heimisch, kann aber heute auch in warmen Gebirgsgegenden Europas gefunden werden. Sie wird bis 1 m hoch, blüht von Juli bis September und zieht dabei zahlreiche Insekten an. Bewährte Sorte: 'Compactum'.

<u>Standort:</u> Ursprünglich auf sonnigen und kalkhaltigen Magerwiesen wachsend, benötigt er zwar einen warmen und trockenen Standort, ist aber ansonsten ziemlich anspruchslos.

<u>Anbau:</u> Geschützte Vorkultur des Lichtkeimers ab März, Pflanzung im Mai auf 25 × 25 cm Abstand. Boden eventuell schon zuvor mit reifem (Mist-)Kompost versorgen. Da sich der Dost mit flachen Wurzelausläufern verbreitet, ist die Vermehrung durch Stockteilung sehr einfach. Von ausgewachsenen Exemplaren genügt eine Pflanze völlig.

Nach der Haupternte darf Reifkompost oder ein anderer Dünger verabreicht werden, allerdings nur bis August. Frostschutz ist nur in seltenen Fällen erforderlich; eher empfindlich gegen Staunässe.

<u>Ernte und Konservierung:</u> Laufend einzelne Blätter und Triebspitzen zum Frischverzehr. Zur Haupternte am besten zwischen Juli und September unverholzte Triebe abschneiden. Zum Aufbewahren entweder trocknen, einfrieren oder in Öl einlegen.

<u>Wirkstoffe und Verwendung:</u> Neben den ätherischen Ölen bestimmen Gerb- und Bitterstoffe die Wirkung – galletreibend und schleimlösend. Der Tee wird bei Husten und bestimmten Magenbeschwerden verabreicht. Das Gewürz, geschmacklich zwischen Majoran und Thymian anzusiedeln, ist typisch für die italienische Küche (Pizza, Tomatensoße usw.) und ergänzt vor allem fette Fleisch- und Gemüsegerichte.

Thymian
(Thymus spec.)

<u>Botanisches:</u> Der gängige Gewürzthymian *(Th. vulgaris)* ist ein immergrüner Halbstrauch vom westlichen Mittelmeer, der ab Mai blüht und nicht höher als 40 cm wird. Die französische Sommerform bleibt noch niedriger, zeigt deutlicher die silbergraue Blattfarbe und ist frostempfindlicher als die deutsche Winterform.

Die zahlreichen Arten und Sorten des Thymian gestatten auch seine gestalterische Verwendung.

Der Quendel *(Th. serpyllum)* ist ein flachwüchsiger Bewohner der Alpen. Der Zitronenthymian *(Th. × citriodorus)* kann mit attraktiven Blütenpolstern aufwarten. Darüber hinaus gibt es weitere nutzbare Arten.

<u>Standort:</u> Sonnig trockene Lagen auf kalkhaltigen und durchlässigen Böden. Im Garten ist häufig ein Platz im Steingarten optimal, für den Zitronenthymian auch ein Staudenbeet.

<u>Anbau:</u> Die genannten Arten sind in gleicher Weise zu kultivieren: Ab März Aussaat unter Glas, ab Mai mit 20 × 20 cm Abstand auspflanzen. Thymian läßt sich ab April auch gut durch unverholzte Stecklinge vermehren.

Er ist empfindlich gegen Staunässe, sollte aber bei anhaltender Trockenheit gelegentlich gegossen werden. Mist verträgt er schlecht; bestenfalls kann man nach dem Ernteschnitt mit etwas Reifkompost, Hornmehl und Algenkalk düngen. Aufgrund seiner Frostempfindlichkeit sollte Thymian im Herbst nicht mehr verpflanzt werden; außerdem empfiehlt sich in rauhen Lagen eine Frostabdeckkung. Nach 4 Jahren verholzen die Pflanzen stark.

<u>Ernte und Konservierung:</u> Triebspitzen laufend für den Frischverbrauch schneiden. Zur Haupternte zwischen Mai und August, am besten am frühen Nachmittag, auf eine Handbreite über dem Boden zurückschneiden. Triebe schattig trocknen, Blätter abrebeln, bevor sie in ein Gefäß kommen.

<u>Wirkstoffe und Verwendung:</u> Die ätherischen Öle, Gerb- und Bitterstoffe ergeben eine verdauungsfördernde, krampf- und schleimlösende sowie desinfizierende Wirkung. Eine Tasse Tee (auch als Gurgelwasser) oder ein Bad nimmt man bei Husten und Bronchitis oder bei Magenbeschwerden. Das Gewürz paßt zu zahlreichen Suppen, Soßen, Füllungen sowie zu Fleisch und Gemüsegerichten, die mit viel Zwiebeln und Wein abgeschmeckt sind.

Salbei
(Salvia officinalis)

<u>Botanisches:</u> Der immergrüne Halbstrauch mit den typisch graugrünen Blättern lebt am Mittelmeer in ähnlicher Gesellschaft wie der Rosmarin. Er wird bis zu 70 cm hoch und blüht von Juni bis August mit seinen blauen Lippenblüten. Es gibt Zierformen von dieser, noch mehr aber von nahe verwandten Arten.

<u>Standort:</u> Ein sonnig warmer Platz auf trockenem, kalkhaltigem Untergrund, bei uns in windgeschützter Lage wäre optimal. Empfindlich gegen Kälte und Feuchtigkeit.

<u>Anbau:</u> Entweder geschützte Aussaat im März oder Direktsaat ab April oder Stockteilung April/Mai oder Stecklingsvermehrung im Sommer, Endabstand 30 × 30 cm. In der Regel genügt eine Pflanze.

Salbei wächst gerne in Mischkultur mit Kräutern, Gemüse und Stauden und verträgt sogar eine Düngung mit Mistkompost. In kühlen Lagen sollte man vor dem Winter anhäufeln und mit

Reisig abdecken. Im Frühjahr Triebe auf etwa 10 cm Länge zurückschneiden.

Ernte und Konservierung: Junge Blätter von unverholzten Trieben können laufend geerntet werden, möglichst an sonnigen Spätnachmittagen. Zum Aufbewahren sollten sie schattig trocknen und anschließend luftdicht gelagert werden. Oder man legt sie in Öl oder Essig ein.

Wirkstoffe und Verwendung: Ätherische Öle verbinden sich mit Gerb- und Bitterstoffen zu einer verdauungsfördernden, vor allem entzündungshemmenden und desinfizierenden Wirkung. Bei Husten und Halsentzündungen ist Salbeitee ein bewährtes Mittel. Er sollte allerdings nicht über längere Zeit eingenommen werden.

Vom Rosmarin nimmt man bevorzugt die unverholzten Triebspitzen.

Die attraktive Blüte macht den Salbei auch für Staudenbeete interessant.

Als Gewürz wird Salbei vorsichtig bei Fleisch, Fisch und Geflügel sowie kräftigen Gemüsegerichten beigesetzt.

Rosmarin
(Rosmarinus officinalis)
Botanisches: Der immergrüne, bis zu 150 cm hohe Rosmarin gehört zur küstennahen Strauchvegetation des Mittelmeers. Mit seinen nadelartigen

Blättern ist er bei uns nicht winterhart.

Standort: Durchlässige, auch humose Böden in sonnig warmer Lage. Da er bei starkem Frost eingeräumt werden muß, häufig als Kübelpflanze kultiviert.

Anbau: Die Vermehrung erfolgt am besten mit Stecklingen (Juli/Aug.). Aber auch eine Aussaat ab März unter Glas ist möglich. Bewurzelte Pflanzen können ab April ausgepflanzt werden, Abstand 40 × 40 cm; eine Pflanze genügt pro Haushalt.

Ab Spätsommer sollte man nur noch wenig gießen, damit das Holz ausreift. Den Winter verbringt Rosmarin am besten in einem kühlen, hellen und luftigen Kellerraum. Im Frühjahr werden die toten Triebe ausgeschnitten.

Ernte und Konservierung: 10 bis 15 cm lange, unverholzte Triebspitzen lassen sich bis August laufend ernten, möglichst an sonnigen Tagen. Die abgestreiften Blätter verlieren beim Trocknen mehr Aroma als beim Einfrieren oder Einlegen in Essig oder Öl.

Wirkstoffe und Verwendung: Durchblutung und Verdauung werden von den ätherischen Ölen gefördert. Ein Tee oder Bad aus den Blättern wirkt außerdem nervenstärkend. Der kampferartige, leicht bittere und erfrischende Geschmack paßt zu verschiedenen Soßen, Wild, Geflügel und Lammfleisch. Schwangere sollten das Gewürz zurückhaltend verwenden.

Um die Wirkstoffe des Lavendels zu gewinnen, muß man ihn seiner Blüten berauben.

Lavendel

(Lavandula angustifolia)

<u>Botanisches:</u> Der bis zu 80 cm hohe, immergrüne bzw. silbergraue Halbstrauch stammt vom westlichen Mittelmeer und ist besonders typisch für Südfrankreich. Seine Blüten verbreiten im Juli und August den allseits bekannten Duft. Nahe verwandt: der Speik, *L. latifolia.*
<u>Standort:</u> Auf kalkhaltigen, durchlässigen Böden in sonniger Lage können sich die Düfte am besten entfalten. Lavendel hat auch einen festen Platz in den Blumenbeeten, insbesondere als Partner von Rosen.
<u>Anbau:</u> Aussaat in geschützter Vorkultur im März/April, häufiger Vermehrung durch im Frühling geschnittene Stecklinge. Ebenso können im Mai oder September alte Stöcke geteilt und im Abstand von 40 × 40 cm wieder gepflanzt werden. Im Blumenbeet verträgt er zwar eine Düngung mit reifem Kompost, aber unter mageren Verhältnissen entwickelt sich ein kräftigeres Aroma.
Ein leichter Rückschnitt nach der Blüte und eventuell eine Frostschutzabdeckung sorgen für gutes Gedeihen.
<u>Ernte und Konservierung:</u> Für den Kleinverbrauch können laufend Triebspitzen geschnitten werden. Da jedoch die Blüten Hauptträger des Aromas sind, nimmt man die Haupternte kurz vor ihrem Aufbrechen vor. Die Blütenstände werden getrocknet, anschließend die Köpfchen durch Abrebeln von den Stielen getrennt. Man kann die Triebspitzen aber auch einfrieren oder in Öl einlegen.
<u>Wirkstoffe und Verwendung:</u> Die ätherischen Öle verbreiten eine beruhigende Wirkung, auch schon als Duft. Außerdem fördern sie die Durchblutung, was

sowohl in Form eines Tees (meist in Mischungen) als auch als Badezusatz zur Wirkung kommt.

Badezusatz: 50 g der Droge in einem Liter Wasser aufkochen und nach Absieben dem Badewasser zusetzen.

Als Gewürz kann man die Triebspitzen vorsichtig bei Soßen, Eintopf- und Fischgerichten hinzumischen.
Schließlich sind Lavendelblüten seit langem fester Bestandteil von Duftkissen, mit denen sich unter anderem Motten vom Kleiderschrank fernhalten lassen.

Ysop
(Hyssopus officinalis)
Botanisches: Der Halbstrauch aus dem Mittelmeergebiet blüht ab Juni in blauen, aber auch weißlichen und roten Farbtönen. Die wertvolle Bienenweide wird dabei bis zu 60 cm hoch.
Standort: Viel Sonne sowie humoser, kalkhaltiger und durchlässiger Boden sind zum Gedeihen notwendig. Diese Eigenschaften findet er aufgrund seiner attraktiven Blüten auch oft im Blumenbeet.
Anbau: Man kann den Lichtkeimer ab März unter Glas oder ab Ende April direkt aussäen. Einfacher ist es, wenn man im Frühjahr oder Herbst vorhandene Stöcke teilt und im Abstand 30 × 25 cm neu aufpflanzt. Aus

den unverholzten Trieben lassen sich auch Stecklinge gewinnen. Ysop verträgt eine Düngung mit reifem Kompost, eventuell ergänzt mit Algenkalk. Nach der Blüte schneidet man auf eine Handbreit über dem Boden zurück. Bei Bedarf werden die Pflanzen vor dem Winter etwas abgedeckt.
Ernte und Konservierung: Blätter und Triebspitzen lassen sich laufend ernten. Kurz vor der Blüte darf das Laub komplett abgeschnitten werden, bei älteren Pflanzen nochmals im September. Zur Konservierung kann man es schonend trock-

nen, besser aber einfrieren oder in Öl einlegen.
Wirkstoffe und Verwendung: Krampflösend und verdauungsfördernd wirken die ätherischen Öle und Gerbstoffe des Ysops, als Tee auch schleimlösend bei entsprechendem Husten. Als Gewürz paßt er zu Salaten und Suppen, zu Bohnen, verschiedenen Braten und Fisch.

Läßt man den Ysop blühen, so zeigen sich Hummeln und viele andere Insekten dankbar.

Erfrischende Lippenblütler

Zitronenmelisse

(Melissa officinalis)
Botanisches: Bis zu 120 cm
hohe Staude vom östlichen Mittelmeer und vorderen Orient.
Juli/August erscheinen die weißen Lippenblüten.
Standort: Ein sonnig warmer
Platz wird bevorzugt, bei zu
feuchtem Kleinklima nistet sich
Mehltau ein. Der Boden sollte
humos und locker sein.
Anbau: Der Lichtkeimer kann
ab März geschützt vorkultiviert

werden. Er keimt langsam und
benötigt Wärme sowie Feuchtigkeit. Leichter jedoch ist eine
Pflanzung geteilter Stöcke ab
Mai ins Freie. Auch die Stecklingsvermehrung ist möglich.
Eine Pflanze pro Haushalt genügt; sie nimmt 50 × 50 cm in
Anspruch.
Um die Entwicklung der duftenden Blätter zu fördern, kann
man dem Stock im Frühjahr
Mistkompost verabreichen.
Nach der Vollernte sorgen 1–2

Handvoll Hornmehl für einen
kräftigen Neuaustrieb. Um die
Erntezeit zu verlängern, dürfen
die Triebe vor der Blüte zurückgeschnitten werden. Nach etwa
4 Jahren werden die Pflanzen
schwächlicher.
Ernte und Konservierung: Triebspitzen und Blätter für den
Frischverbrauch lassen sich laufend ernten. Zur Haupternte
schneidet man an bedeckten
Tagen und vor der Blütezeit
(um Johanni, 24.6.) die Triebe
bis auf eine Handbreite. Die
Blätter werden anschließend
vom Stiel abgestreift.
Bei der Trocknung verlieren die
Blätter viel von ihrem zitronenartigen Aroma. Besser legt man
sie in Öl ein oder friert sie ein.
Wirkstoffe und Verwendung:
Nervenstärkende ätherische Öle
mit scheinbar widersprüchlicher
Wirkung: sowohl beruhigend als
auch belebend. Ebenso reizmildernd und krampflösend. Ein
Tee oder ein Bad hilft gleichermaßen. Als erfrischendes
Gewürz am besten zu Salaten
und Soßen sowie zu Fisch und
Geflügel.

Pfefferminze

(Mentha × piperita)
Botanisches: Das bekannte Teekraut ist als Bastard aus den
drei Wildarten *M. longifolia, M.*

**Auf frischen, nährstoffreichen
Böden bildet die Zitronenmelisse üppige, duftende
Büsche.**

rotundifolia und *M. aquatica* entstanden, die in Europa und Asien heimisch sind. Deshalb läßt sich die Staude nur vegetativ vermehren. Sie blüht ab Juli und wird je nach Sorte bis 80 cm hoch.

'Mitcham' ist seit Jahrhunderten die gehaltvollste und am meisten angebaute Sorte. *M. spicata* liefert den bekannten Spearmint-Geschmack. Die Krause Minze *(M. crispa)* ist eine Züchtung, die durch ihre am Rand gewellten Blätter auffällt.

<u>Standort:</u> Die Pfefferminze mag es einigermaßen frisch-feucht; Staunässe allerdings wird nicht vertragen. Humose Böden in sonniger, teils auch in halbschattiger Lage sind zu bevorzugen, auch Moorlagen.

<u>Anbau:</u> Ausschließlich vegetative Vermehrung, vor allem durch Legen der Wurzelausläufer, etwa 10–15 cm tief in die Erde, im Frühjahr oder besser im Herbst. Kopfstecklinge, die zwischen Mai und Juli geschnitten werden, bewurzeln innerhalb von 6–8 Wochen in einem feuchten Substrat.

Die Staude neigt zum Verwildern. Deshalb empfiehlt es sich, den vorgesehenen Bereich bis in 15 cm Tiefe zu umgrenzen. Im Frühjahr oder nach der Ernte kann mit Mistkompost oder anderen organischen Substanzen gedüngt werden. Ein Zuviel an Stickstoff und Feuchtigkeit allerdings kann den Pfefferminz-Rost, eine Pilzkrankheit, hervorrufen. Befallene Pflanzen sind großzügig zurückzuschneiden.

Pfefferminze eignet sich auch als optische und aromatische Garnierung raffinierter Drinks.

Eine Einfassung des Wurzelbereichs verhindert, daß die Pfefferminze in verbotene Zonen wuchert.

<u>Ernte und Konservierung:</u> Kleinere Mengen laufend zum Würzen, zur Haupternte das trockene Kraut beim Knospenansatz handhoch über dem Boden schneiden (Juli, evtl. nochmals September). Die abgestreiften Blätter schattig trocknen oder – noch besser zur Erhaltung des Aromas – einfrieren.

<u>Wirkstoffe und Verwendung:</u> Das ätherische Öl wirkt krampflösend und kühlend-schmerzstillend. Der Tee kann daher bei Erkältung und Übelkeit getrunken werden, jedoch nicht bei Magengeschwüren. Auch Kleinkinder sollten den Tee nicht über längere Zeit regelmäßig zu sich nehmen.

Zu Speisen setzt man Pfefferminze nur in kleinen Mengen ein und vermeidet möglichst Mischungen mit anderen Gewürzen. Paßt zu Suppen und Soßen, Gemüse und Rohkostgerichten, aber auch zu Süßspeisen oder erfrischenden Drinks. Der Duft wirkt anregend bei geistiger Erschöpfung.

Zarte Röhrchen obendrauf

Schnittlauch

(Allium schoenoprasum)

<u>Botanisches:</u> Das Liliengewächs gehört zur selben Gattung wie Zwiebeln und Knoblauch und überdauert den Winter ebenfalls in den unterirdischen Blattschuppen. Es ist mittlerweile in den gemäßigten Zonen der Nordhalbkugel verwildert. Schon ab Mai bilden sich die violetten Blüten, die eine Höhe von nur 30 cm erreichen.

<u>Standort:</u> Kalkhaltige und humose Wiesen in sonniger Lage sind der Lebensbereich des grasähnlichen Zwiebelgewächses. Aber auch als halbschattige Unterkultur von Gehölzen kann es mit Erfolg angebaut werden.

<u>Anbau:</u> März/April Direktsaat ins Freiland oder Frühbeet, für die Winterkultur auch erst im August, in Horsten oder Reihen mit einem Abstand von 30 cm. Eventuell auch schon geschützte Vorkultur unter Glas ab Februar. Achtung, die Samen sind nur ein Jahr lang keimfähig!

Im Frühjahr oder Herbst ist auch eine Teilung älterer Stöcke möglich, die man dann im Abstand 25 × 25 cm wieder aufpflanzt. Die ersten Blüten bis zum Anwachsen sollten entfernt werden, um die Kräfte auf die vegetative Entwicklung zu konzentrieren. Bei enger Pflanzung kann sich zwar weniger Unkraut ansiedeln, aber gleichzeitig werden dadurch die Befallsbedingungen für Pilzkrankheiten erleichtert.

Der Schnittlauch will bei trockener Witterung gut gegossen werden. Im Frühjahr darf man etwa 2–3 Handvoll organischen Düngers pro Quadratmeter einarbeiten. Frischer Mist oder Rohkompost allerdings werden schlecht vertragen.

Wer auch im Winter Schnittlauch ernten will, gräbt die Wurzelballen zwischen Oktober und

Im Sinne des Ertrags sollte man den Schnittlauch eigentlich nicht in Blüte gehen lassen.

Dezember aus und läßt sie einmal durchfrieren. Denn dieses »Signal« ermöglicht es den Zwiebelchen, nach dem herbstlichen Einziehen wieder auszutreiben. Ersatzweise kann man sie auch mehrere Stunden in 38 °C warmes Wasser tauchen, um die Knospenruhe zu brechen. Eine Trocknung des Wurzelballens bei 20–25 °C bewirkt ebenfalls dasselbe. Danach setzt man die Pflanzen in Töpfe oder Kästen und treibt sie auf der Fensterbank oder im Gewächshaus bei Zimmertemperatur (20 °C) an, bis sie wieder ihr Schnittgrün präsentieren.

Der chinesische Schnittknoblauch (*Allium tuberosum*) bringt die Eigenschaften der beiden Laucharten mit: die eßbaren Blätter vom Schnittlauch, den Geschmack vom Knoblauch, allerdings etwas abgemildert. Er wird bei uns einjährig angebaut und wächst 50 cm hoch. Die Aussaat erfolgt ab April in Reihen mit 30 cm Abstand, ab Juni können die würzigen Blätter geschnitten werden.

Vereinigt einen milden Knoblauchgeschmack mit einfacher Blatternte: der »Knolau«.

Ernte und Konservierung: Ab April ist soviel Laub vorhanden, daß man laufend für den Frischverbrauch schneiden kann. Durch Rückschnitt vor der Blüte kann man die weitere Ernte erleichtern, denn die harten Blütenstiele sind nicht zum Verzehr geeignet. Unter günstigen Verhältnissen sind vier Vollernten pro Jahr möglich. Schnittlauch sollte bevorzugt frisch verwendet und kann bestenfalls eingefroren werden. Andere Konservierungsarten kommen nicht in Frage.

Wirkstoffe und Verwendung: Die enthaltenen ätherischen Öle wirken blutdrucksenkend und verdauungsanregend. Wertvoll aber ist vor allem der hohe Vitamin-C-Gehalt, besonders wenn er im Winter den Speiseplan bereichert. Schnittlauch wird ausschließlich roh den Speisen zugesetzt. Sein milder Zwiebelgeschmack eignet sich gut für Brotaufstriche, zum Beispiel mit Quark, für Salate aller Art, für Suppen und Soßen, als optische Garnierung über Kartoffeln und zu Eintopfgerichten.

Scharfe Gewürze

Zwiebeln

(Allium spec.)

<u>Botanisches:</u> Küchenzwiebel *(A. cepa* var. *cepa),* Etagen- oder Luftzwiebel *(A. cepa* var. *viviparum)* und Winterheckzwiebel *(A. fistulosum)* sind Liliengewächse, deren Heimat in Westasien liegt, die aber heute größtenteils nur noch in Kultur bekannt sind. Die Zwiebeln selbst sind eigentlich gestauchte Blattsprosse, die als Überwinterungsorgane dienen. Sie treiben ab Juni eine Blüte, die bis zu 1 m hoch werden kann.

Die Winterheckzwiebel bildet um die Mutterzwiebel herum zahlreiche »Töchterchen«, die man fast ganzjährig mitsamt den Blattröhren ernten kann. Auch bei den Etagenzwiebeln werden gerne die Schalotten verzehrt; ebenso wie die Brutzwiebeln, die am Ende der Triebe entstehen.

<u>Standort:</u> Sonnige Lagen auf humosen, eher trockenen und keinesfalls staunassen Gartenböden sind für die Kultur ausreichend.

<u>Anbau:</u> Ab Februar Vorkultur unter Glas möglich. Im März dürfen diese Zwiebelarten bei geeigneter Witterung direkt ins Freiland gesät werden, entweder in Horsten oder in Reihen mit 20 cm Abstand. Frühlingszwiebel-Sorten können im August gesät werden.

Einen Vorsprung erhält man, wenn im April gleich Steckzwiebeln gesetzt werden, so daß die Triebspitze gerade noch heraussieht. Abstand 25 × 25 cm, am besten aber in Mischkultur, zum Beispiel mit Erdbeeren, Salat oder Möhren.

Der Boden darf keinesfalls frisch mit Mist gedüngt sein, unter anderem wegen der Zwiebelfliegen.

<u>Ernte und Konservierung:</u> Die Röhren (Schalotten) können laufend geschnitten werden, sobald die Pflanzen kräftig genug sind, was bei mehrjähriger Kultur (Winterheckzwiebel) fast ganzjährig der Fall ist. Ab August beginnt das Laub

Zwiebeln sind nicht nur eine unverzichtbare Würze, sondern auch noch gesund.

umzuknicken und braun zu werden. Wenn man dies abwartet und nicht zuviel gedüngt hat, lagern die Zwiebeln am besten. Zuvor läßt man sie – zu Zöpfen geflochten – gut abtrocknen.

Die Brutzwiebeln der Etagenzwiebeln können ebenfalls ab August geerntet werden; sie eignen sich sehr gut zum Einlegen.

<u>Wirkstoffe und Verwendung:</u> Die ätherischen Öle und der reiche Vitamin-C-Gehalt wirken verdauungsfördernd und wassertreibend. Ein Tee (aus feingehackten Zwiebeln, mit Honig gesüßt) kann bei Husten und Grippe eingenommen werden. Die unersetzliche Zwiebelschärfe kann frisch, gedünstet oder mitgekocht zu fast allen salzigen Speisen serviert werden.

Knoblauch
(Allium sativum)

<u>Botanisches:</u> Die Verwandtschaft ist schon ausgiebig vorgestellt. Dieses Liliengewächs stammt aus Zentralasien, ist aber seit langer Zeit am ganzen Mittelmeer heimisch und wird bei der Blüte (Juli/August) bis 90 cm hoch.

<u>Standort:</u> Tiefgründig und humos, nährstoffreich und nicht zu sandig soll der Untergrund sein, warm und sonnig die Lage.

<u>Anbau:</u> Knoblauch wird nie ausgesät. Im März/April oder auch im August steckt man die Zehen, also Teilzwiebeln, etwa 3–5 cm tief in den Boden, Reihenabstand 20–25 cm, in der Reihe 5–10 cm. Hierfür nimmt man allerdings keine Zehen vom Knoblauch aus dem Supermarkt, denn diese sind meist südländischer Herkunft und gedeihen bei uns äußerst schwächlich, sondern welche aus dem Gartenfachhandel. Auch Brutzwiebeln vom Blütenkopf können zur Vermehrung verwendet werden. Mischkultur mit Erdbeeren, ebenso mit Roter Bete und

anderen Gemüsearten hat sich tausendfach bewährt. Auf Baumscheiben kann der Knoblauch Schädlinge von den Nachbarpflanzen fernhalten. Ein halbes Eimerchen voll Reifkompost pro Quadratmeter, möglichst schon bei der Vorfrucht, fördert die Entwicklung kräftiger Knollen. Nach ein bis zwei Jahren sind sie erntereif.

<u>Ernte und Konservierung:</u> Nach dem Absterben des halben Laubs im Sommer die Knollen ernten und zu Zöpfen geflochten schattig trocknen lassen. Zur weiteren Konservierung können die Zehen auch in Essig, Öl oder Salz eingelegt werden.

<u>Wirkstoffe und Verwendung:</u> »Alt aber einsam« würde man bei regelmäßigem Verzehr der geruchsintensiven Knollen, sagt

eine alte Weisheit. Sie enthalten reichlich schwefelhaltige ätherische Öle, Vitamine und sogar Hormone, die für den sagenhaften Ruf des Würzkrauts sorgen. Die allgemein abwehrsteigernde, entspannende, antiseptische und galletreibende Wirkung kann vorbeugend gegen Arteriosklerose, bei Bluthochdruck und Magen-/Darmstörungen sowie gegen Alterserscheinungen eingesetzt werden. Es gibt kaum ein salziges Gericht, zu dem Knoblauch nicht in mehr oder weniger großen Mengen paßt – ganz nach Geschmack.

»Alt, aber einsam« wird man bei regelmäßigem Verzehr von Knoblauch, sagt eine alte Weisheit.

Meerrettich

(Armoracia rusticana)
Botanisches: Die ausdauernde
Pflanze gehört zu den Kohlge-
wächsen und stammt aus dem
südöstlichen Europa und Asien.
Die duftenden Blütenstände, die
ab dem zweiten Jahr im Mai/
Juni erscheinen, werden bis zu
120 cm hoch, aber auch schon
die Blätter nehmen eine impo-
sante Größe ein.

Standort: Der Boden sollte mit-
telschwer sein, aber auch tiefgründig, humos und nährstoffreich sowie leicht feucht. Schattige Standorte werden vertragen.
Anbau: Im März/April steckt
man bleistiftstarke, 20–30 cm
lange Wurzelfechser schräg in
den Boden, so daß die Spitze
etwa 15–20 cm tief liegt. Im
Juni werden die schwächeren

Austriebe entfernt, nur der kräf-
tigste bleibt stehen. Neben dem
Anbau in angehäufelten Reihen
kommt auch die Mischkultur
mit Kartoffeln in Frage. Auf die
Baumscheibe gepflanzt, hilft er
Krankheiten fernzuhalten. 3–5
Pflanzen sind auch für Meer-
rettich-versessene Haushalte
ausreichend.
Meerrettich wünscht eine aus-
giebige organische Düngung.
Die Blüten werden in der Regel
entfernt. Um die Entwicklung
dicker Hauptwurzeln zu fördern,
kann man sie im Juni/Juli, am
besten an trüben Tagen, ausgraben, von den dünnen Seitenwurzeln befreien und wieder
einsetzen. Die Seitenwurzeln
lassen sich für Neupflanzungen
verwenden und bis dahin in
feuchtem Sand einschlagen.
Achtung: Verbliebene Seitenwurzeln treiben wieder aus und
verwildern gerne!
Ernte und Konservierung:
Sobald das Laub im Herbst
abgestorben ist, kann man die
Wurzeln ausgraben und vorübergehend in feuchten Sand
einschlagen. Es werden nur die
kräftigen Hauptwurzeln für die
Verarbeitung verwendet. Man
reibt sie frisch oder auch getrocknet und versieht das
Ganze mit Zitronensaft sowie
etwas Zucker.

**Damit die Wurzeln des Meer-
rettichs kräftig werden, sollte
man die Seitenwurzeln entfernen.**

Auch unsere einheimischen Anbauversuche erzeugen oft teuflisch scharfe Gewürzpaprika.

<u>Wirkstoffe und Verwendung:</u> Ätherische Öle mit Senfölglykosiden und antibiotisch wirksame Substanzen kennzeichnen das scharfe Aroma. Die Wirkung: antiseptisch und stoffwechselanregend. Aber auch Vitamin C ist reichlich vorhanden. Feingerieben und mit der gleichen Menge Honig vermischt, davon 3 Teelöffel täglich helfen bei Nierenleiden oder Husten. Das Gewürz paßt gut zu Fisch, Fleisch, Wurst und vielem mehr.

Paprika/Peperoni

(Capsicum annuum)

<u>Botanisches:</u> Das bei uns einjährige Nachtschattengewächs hat seine Heimat in Mittel- und Südamerika und wird etwa 60 cm hoch. Die Gewürz-Züchtungen sind zum Teil teuflisch scharf.

<u>Standort:</u> Paprika mag es sehr warm. Der Boden sollte mittelschwer, nährstoffreich und humos sein.

<u>Anbau:</u> Aussaat im geheizten Haus ab März bei 25°C. Nach den Eisheiligen können die Setzlinge gepflanzt werden, am besten ins Frühbeet oder Gewächshaus oder auf schwarzer Folie; bei unter 10°C »schwächeln« die Pflanzen. Für eine mittlere Gabe Mistkompost bedanken sie sich mit kräftigem Wachstum. Mulchen sichert ausreichende Bodenfeuchtigkeit.

<u>Ernte und Konservierung:</u> Ab August entwickeln sich die Fruchtschoten. Um sie für die Konservierung zu trocknen, müssen sie vollreif, möglichst rot sein. Gerne werden sie auch in Essig oder Öl eingelegt.

<u>Wirkstoffe und Verwendung:</u> Die Früchte enthalten wesentlich mehr Vitamin C als ein Salat.

Das ätherische Öl Capsaicin wirkt darüber hinaus bakterientötend sowie stoffwechsel- und kreislaufanregend. Süße oder scharfe Gewürzpaprika werden je nach Geschmack zu griechischen Salaten und Pizza, zu Suppen und Soßen, Gemüse- und Fleischgerichten beigegeben.

Herbe Geschwister

Die im folgenden genannten vier Kräuter gehören alle zur Familie der Korbblütler und sogar zur gleichen Gattung – *Artemisia*, zu deutsch: die Gattung Beifuß. Der mehr oder weniger herbe Geschmack und die verdauungsanregende Wirkung ist ihnen gemeinsam.

Der Französische Estragon ist empfindlicher, aber auch aromatischer als der Russische.

Estragon

(Artemisia dracunculus)

Botanisches: Das ausdauernde, in Asien wie Nordamerika wild vorkommende Gewürzkraut war bei Hildegard von Bingen als »Bertram« bekannt. Der Russische Estragon ist robuster und weniger aromatisch als der Deutsche oder Französische, der bei uns nicht völlig winterhart ist. Letzterer kommt auch seltener im Juli/August zur Blüte. Beide werden bis mannshoch.

Standort: Nahrhafte und humose, frische aber niemals staunasse Böden in warmer Lage; auch Halbschatten wird vertragen.

Anbau: Der Russische Estragon wird ab März unter Glas flach ausgesät, ab Mitte April auch direkt ins Freiland. Kräftige Jungpflanzen setzt man im Abstand 50 × 50 cm; in der Regel jedoch genügt eine Pflanze pro Haushalt.
Der Französische Estragon wird ausschließlich vegetativ vermehrt. Am einfachsten ist die Teilung eines älteren Stocks. Außerdem kann man ganzjährig Kopfstecklinge bewurzeln. Im Frühjahr oder nach der Haupternte ist er dankbar für Mistkompost oder 2 Handvoll organischen Düngers. Der Französische Estragon sollte vor dem Winter eine Frostschutzabdeckung erhalten. Alle 3–4 Jahre die Stöcke erneuern.

Ernte und Konservierung: Blätter und Triebspitzen können laufend gewonnen werden. Der Russische Estragon erreicht sein kräftigstes Aroma im Knospenstadium und wird dann kräftig zurückgeschnitten. Der Französische kann bis September stehenbleiben. Nach dem Trocknen werden die Blätter abgerebelt. Beim Einfrieren sowie Einlegen in Essig oder Öl bleibt das Aroma jedoch besser erhalten.

Wirkstoffe und Verwendung: Verdauungsfördernd und galletreibend wirken die ätherischen Öle, Bitter- und Gerbstoffe. Estragon ist die mildeste und

wohlschmeckendste Art ihrer Verwandtschaft. Das feingehackte Gewürz wird sparsam eingesetzt bei Salaten, Suppen und Soßen, zu Fleisch aller Art und besonders gerne beim Einmachen und Einlegen. Gemeinsam mit Dill und Zitronenmelisse ergibt er einen schmackhaften Kräuteressig.

Beifuß
(Artemisia vulgaris)
Botanisches: Der sommergrüne Strauch ist in ganz Europa heimisch und kann oft als »Unkraut« auf Schutt oder an Hecken- und Wegrändern gefunden werden. Er wird bis zu 2 m hoch und zeigt ab August seine unscheinbaren Blütenrispen.
Standort: Ziemlich anspruchslos.

Wichtig ist ein sonnig-trockener Platz auf kalkhaltigem Untergrund.
Anbau: Ab März kann man den Lichtkeimer im Frühbeet aussäen, ab Ende April auch direkt ins Freie. Ebenso lassen sich im Frühjahr Stecklinge schneiden oder alte Stöcke teilen. Eine Staude genügt in der Regel. Zur Bodenverbesserung wird bestenfalls Kalk oder stickstoffhaltiger Dünger verabreicht.
Ernte und Konservierung: Vom Beifuß werden nur die knospigen Triebspitzen verwendet – die Blätter und die geöffneten Blüten schmecken bitter. Zum Konservieren trocknen, in Salz oder in Öl einlegen.
Wirkstoffe und Verwendung: Ätherische Öle und Bitterstoffe

Vom Beifuß (links) verwendet man ausschließlich die knospigen Triebspitzen.
Der Wermut (rechts) wird vor allem fetten Speisen zugesetzt.

wirken in Form eines Tees anregend auf Magen und Galle. Der herbe Geschmack wird nur sparsam bei fetten und schwerverdaulichen Speisen mitgekocht. Nicht während der Schwangerschaft einnehmen!

Wermut
(Artemisia absinthum)
Botanisches: Deutscher und lateinischer Name des graulaubigen Halbstrauchs vom Mittelmeer weisen auf den Zusam-

menhang mit alkoholischen Getränken hin. Er blüht ab Juli und wird 150 cm hoch.

Standort: Anspruchslos; der Untergrund muß durchlässig und kalkhaltig sein, in sonnig-trockener Lage.

Anbau: Geschützte Vorkultur ab März oder Direktsaat im April bzw. September. Da aber bestenfalls eine Pflanze pro Haushalt benötigt wird, empfiehlt sich das Teilen eines vorhandenen Stocks oder die Stecklingsvermehrung. (Mist-)Kompost kann in mehreren Gaben verabreicht werden. Aufgrund seiner starken aromatischen Ausdünstungen gilt Wermut als unangenehmer Pflanznachbar. Neben Johannisbeeren andererseits soll er den gefürchteten Säulenrost fernhalten. Bei zusagenden Verhältnissen kann er verwildern.

Ernte und Konservierung: Junge Blätter laufend für den Frischverbrauch. Zur Haupternte schneidet man die Triebspitzen während der Blüte. Sie werden kopfüber im Schatten aufgehängt und getrocknet.

Wirkstoffe und Verwendung: Die ätherischen Öle, Bitter- und Gerbstoffe verleihen dem Kraut die appetitanregende, verdauungsfördernde und auch antiseptische Wirkung. Der Tee wird gelegentlich bei Magen- und Galleleiden verordnet. Als Gewürz wird Wermut in kleinen Mengen bevorzugt bei fetten Speisen oder Eintopfgerichten mitgekocht. Ein paar Triebe einige Wochen in einem »Klaren« ziehen gelassen, möglichst

mit anderen Kräutern gemischt, machen daraus ein »Verdauungsschnäpschen«. Zum Dauergebrauch ist das bittere Kraut nicht geeignet, erst recht nicht bei Schwangerschaft.

Eberraute
(Artemisia abrotanum)
Botanisches: Dieser Halbstrauch mit dem nadelförmig gefiederten Laub stammt aus Vorderasien. Er wird bis zu 1 m hoch und kommt bei uns nur selten im August zur Blüte.

Standort: Humos und etwas kalkhaltig sollte der Boden sein, warm und trocken die Lage.

Anbau: Am einfachsten ist die Stecklingsvermehrung von Frühjahr bis Sommer. Bei der Pflanzung nach allen Seiten etwa 40 cm Abstand halten. Eine Pflanze genügt für einen Haushalt; mehr ist bestenfalls sinnvoll, um zum Beispiel im Bauerngarten eine Beetumrandung daraus zu formen. Eventuell ist ein Winterschutz anzuraten. Im Frühjahr werden die Triebe vor dem Austrieb etwas zurückgeschnitten.

Ernte und Konservierung: Ab Mai bis in den Herbst können junge Triebspitzen geschnitten werden. Die Haupternte wird im Hochsommer vorgenommen, um die unverholzten Triebe zu trocknen. Auch beim Einlegen in Essig bleibt das Aroma gut erhalten.

Wirkstoffe und Verwendung: Die enthaltenen ätherischen Öle, Gerb- und Bitterstoffe fördern die Verdauung und stärken den Magen, was in Form eines Tees

gut zur Wirkung kommt. Als Gewürz vorsichtig zu Salaten, Soßen und Braten beigeben.

Nur vom Namen mit der Eberraute verwandt, in Wirklichkeit aber ein Einzelgänger unter den Kräutern:

Weinraute
(Ruta graveolens)
Botanisches: Der aus Südeuropa stammende Halbstrauch gehört zur Familie der Rautengewächse. Über den blaugrünen, rundlich gefiederten Blättern erscheinen im Juni/Juli die zarten gelben Blüten in etwa 50–80 cm Höhe.

Standort: Kalkhaltige, durchlässige, eher nährstoffarme Böden in sonniger Lage.

Im Bauerngarten wird die Eberraute gerne für halbhohe Hecken verwendet.

Die Weinraute gehört nur dem Namen nach hierher – sie ist mit anderen Rauten im Kräuterbeet nicht verwandt.

Ernteschnitt zu Beginn der Blüte, eventuell nochmals im Spätsommer. Triebe schattig trocknen, danach Blätter abstreifen.

Wirkstoffe und Verwendung: Ätherisches Öl, Flavonglykoside, Furocumarine und Alkaloide machen die Weinraute zu einem nicht ganz harmlosen Kraut. Menschen mit empfindlicher Haut reagieren mit Ausschlägen, manche mögen schon den Geruch nicht leiden. Ein Übermaß ist auf jeden Fall zu vermeiden, insbesondere bei Schwangerschaft. Natürlich hat sie auch positive Wirkungen: Beruhigend als Tee aus frischen Blättern, aromatisierend als Weingewürz und appetitanregend in kleinen Mengen zu Soßen und kräftigen Fleischgerichten.

Anbau: Direktsaat im April, kräftige Jungpflanzen auf 30 × 30 cm Abstand aussetzen, für den Verbrauch aber genügt eine Pflanze. Auch Vermehrung durch Stecklinge. Vor dem Winter etwas zurückschneiden, in kalten Lagen mit Reisig o.ä. bedecken.

Ernte und Konservierung: Junge Blätter ganzjährig. Haupt-

Sommerliche Geschmackserlebnisse

Kresse
(Lepidium sativum)

Botanisches: Die Wildarten des einjährigen Gartengewächses stammen aus dem Vorderen Orient. Ab Mai erscheinen die Blüten des Kohlgewächses; sie werden nicht höher als 50 cm. Es gibt glatte und krausblättrige Sorten.

Standort: Gedeiht auf allen frischen, humosen Gartenböden

Die schnellwüchsige Kresse gedeiht im Garten ebenso wie in flachen Schälchen.

und verträgt im Sommer sogar schattige Lagen.

Anbau: Aussaat des Lichtkeimers ab März breitwürfig oder in Reihen mit 10 cm Abstand; Samen fest andrücken und bis zur Keimung gut feucht halten. Wächst gerne als Mischkultur im Gemüsebeet. Kresse ist selbst-unverträglich und sollte nicht mehrmals hintereinander auf der selben Fläche angebaut werden.

Im Gewächshaus läßt sich Kresse ganzjährig kultivieren. Im Sommer kann Kresse schon nach 10 Tagen geerntet werden, im Winter braucht sie bis zu 3 Wochen. Kultur auf der Fensterbank siehe Seite 24.

Ernte und Konservierung: Die jungen Triebe – ältere Blätter schmecken bitter – werden mit dem Messer geerntet, bei großflächigem Anbau auch mit der Erntesense. In Keimapparaten nur einmalige Ernte, mitsamt dem Wurzelgeflecht. Da Kresse ganzjährig angebaut werden kann, sind keine Konservierungstechniken erforderlich.

Wirkstoffe und Verwendung: Bitterstoffe, Senföl und viel Vitamin C ergänzen sich zur blutreinigenden und verdauungsfördernden Wirkung. Der scharf-würzige Geschmack paßt gut zu Salaten und Quark, wie überhaupt zu vielen Rohkostgerichten, sowie zu Soßen.

Löwenzahn
(Taraxacum officinale)

Botanisches: Die allseits bekannte Pusteblume mit den gelben Korbblüten gehört zu den wichtigsten und am meisten unterschätzten einheimischen Heilpflanzen. Auch die fleischige Wurzel wird genutzt.

Standort: Frische, humose und nährstoffreiche, eher schwere Böden in sonniger Lage werden bevorzugt.

Anbau: Geschützte Vorkultur März/April und Auspflanzen im Mai auf 30 × 30 cm Abstand oder Direktsaat ab Mai in Reihen. Bei Aussaat im August/September wird erst im zweiten

Jahr geerntet. Wird ansonsten nur einjährig kultiviert. Im Sommer kann man die Blätter zum Bleichen zusammenbinden oder einen Topf darüberstülpen. Dadurch bleiben sie zarter und im Geschmack milder.
Damit die Blätter den winterlichen Speiseplan bereichern, muß man folgendermaßen vor-

Vom Wiesen-Löwenzahn können wir junge Blätter ernten. Bei der Kulturform (rechts) werden die Blätter gebleicht oder die Wurzeln im Herbst wie Chicorée angetrieben.

gehen: Nach Frühjahrsaussaat Oktober/November die Wurzeln ausgraben und die Blätter fingerbreit darüber abschneiden. Vorübergehend kühl, aber frostfrei lagern, bis die Wurzeln schließlich wie Chicorée zum Treiben in einen Eimer mit Erde gesetzt werden. Nach dem Angießen bei 12–15 Grad aufstellen und vor der Ernte (nach 3–4 Wochen) zur Verdunklung abdecken. Hierfür werden spezielle Sorten angeboten.

Ernte und Konservierung: Im Frühjahr kann man schon die jungen Blätter wildwachsender Wiesenpflanzen sammeln, wenn sie nicht gerade an der Straße wachsen. Blätter werden normalerweise frisch verwendet, können aber zum Würzen auch getrocknet werden.
Will man die Wurzeln verarbeiten, so ist herbstliches Ausgraben zu empfehlen. Wenn man sie längs aufschneidet und luftig aufhängt, können auch sie getrocknet werden.

Wirkstoffe und Verwendung: Der große Wert des Löwenzahns liegt in der vielseitigen Mischung von Wirkstoffen: Bitter- und Gerbstoffe, Vitamine und Mineralstoffe, verschiedene Kohlenhydrate, organische Säuren, ätherische Öle und vieles mehr. Sie ergeben eine stoffwechselanregende und blutreinigende Wirkung, was sich zu allererst als Wasserdrang bemerkbar macht; daher auch der volkstümliche Name »Bettseicher«.
Mit den gebleichten Blättern lassen sich Salate zubereiten; in

65

Frankreich werden sie als Delikatesse gehandelt. Ebenso eignen sie sich als Zusatz für Suppen und Soßen oder für die Zubereitung wie Spinat.

Für den Tee werden auch die Blätter, in erster Linie aber die zerkleinerten Wurzeln (ausgekocht) verwendet. Man kann ihn zur Stärkung von Leber, Magen und Galle trinken; die entwässernde Wirkung kommt außerdem bei Gicht und Rheuma zugute.

Die fleischigen Blätter des Portulaks sollten nur frisch verwendet werden.

Portulak

(Portulaca oleracea ssp. *sativa)*

Botanisches: Das einjährige, aus Asien stammende Gewächs steht Pate für eine ganze Pflanzenfamilie; nahe verwandt ist auch das Portulakröschen. Die Triebe mit den sukkulenten Blättern werden nicht höher als 30 cm; ab Juni erscheinen die gelblichen Blüten. An sonnigen und sandigen Standorten kann eine kriechende Wildform auftreten.

Standort: Sonnige warme Lagen und durchlässiger Untergrund sind für erfolgreiches Gedeihen Voraussetzung.

Anbau: Nach Ende der Frostgefahr Aussaat des Lichtkeimers breitwürfig oder in Reihen mit 25 cm Abstand. Zunächst gut feucht halten. Sobald es eng wird, auf 10 cm in der Reihe

ausdünnen. Um den Zeitpunkt des ersten Ernteschnitts darf man zwischen den Reihen etwas Reifkompost einrechen. Nach Entfernen der Triebspitzen verzweigt er sich.

Ernte und Konservierung: Blätter und junge Triebspitzen, sobald die Pflanzen kräftig genug sind; ältere Blätter schmecken bitter. Zum Abernten sollte man schreiten, bevor das Kraut in Blüte geht. Dies ist drei- bis viermal im Jahr möglich. Letzte Ernte rechtzeitig vor dem ersten Frost, denn der wird nicht vertragen.

Das Trocknen der fleischigen Triebe ist nicht sinnvoll. Zur Not kann man etwaige Überschüsse einfrieren oder in Salz einlegen.

Wirkstoffe und Verwendung: Seine Wirkungen werden zwar als magenstärkend, blutreini-

gend und leicht abführend beschrieben, aber in erster Linie gilt die Aufmerksamkeit dem hohen Vitamingehalt. Die frischen Triebe werden zu Salaten und anderen Rohkostgerichten verarbeitet, können jedoch auch die Suppenwürze bereichern oder wie Spinat zubereitet werden.

Salatrauke

(Eruca sativa ssp. *sativa)*
Botanisches: Der aus Südeuropa und Vorderasien stammende Kreuzblütler gilt zwar als einjährig, kann aber unter günstigen Umständen auch bei uns überwintert werden. Die »Ruca« treibt von Mai bis Juli ihre gelblichen Blüten und wird dabei bis zu 50 cm hoch.
Standort: Humoser, frischer, aber durchlässiger Boden in sonniger bis halbschattiger Lage.
Anbau: Ab April/Mai in Folgesaaten direkt ins Freiland säen, etwa 1 cm tief, in Reihen mit 20 cm Abstand. Später ist etwas auszudünnen. Bei zu sonnigem Stand entwickeln sich mehr Blüten, und die Blätter schmecken bitterer. Wo die Samenentwicklung zugelassen wird, sät sich die Salatrauke von selbst aus. Aufgrund des geringen Platzbedarfs und des raschen Wachstums auch vorzüglich für Pflanzbehälter geeignet.
Wenn man die Pflanzen an geschützter Stelle überwintert, können die frühzeitig austreibenden Blätter verwendet werden, um den ansonsten kargen

Speiseplan zum Ende der kalten Jahreszeit zu bereichern. Dazu werden sie bevorzugt erst ab Mitte Juli bis in den September hinein ausgesät. Im Gewächshaus ist der Anbau jederzeit möglich.
Ernte und Konservierung: Die jungen, zarten Blätter bis zu 10 cm Höhe werden frisch zerkleinert Salaten beigegeben. Eine Konservierung ist nicht empfehlenswert.
Wirkstoffe und Verwendung: Senföl und Vitamine sind die bestimmenden Wertstoffe des Krauts. Daraus ergibt sich nicht nur sein würziger, an Kresse oder milde Radieschen erinnernder Geschmack, sondern auch sein gesundheitlicher Wert als Salat sowie Zusatz bei Brotaufstrichen oder frischen Gewürzmischungen.

An zusagenden Stellen gedeiht die Salatrauke leicht und bietet einen kresseartigen Geschmack.

Melde

(Atriplex hortensis)
Botanisches: Das in Europa eingebürgerte Gänsefußgewächs ist sowohl als Unkraut als auch als Kulturpflanze altbekannt. Sie ist einjährig und kommt ab Juli zur Blüte. Bis dahin wird sie bis zu 150 cm hoch. Neben der gewöhnlichen grünen Gartenform gibt es gelb- und rotblättrige Sorten.
Standort: Anspruchslos; durchschnittlich ernährter, humoser Gartenboden und etwas Sonne genügen zum Gedeihen.

Schnellwüchsig, anspruchslos, vielseitig und zum Teil sogar farbig: die Melde.

Anbau: Direktaussaat ab März ins Freiland, in Reihen mit 30 cm Abstand. Paßt gut als schnellwüchsige Mischkultur ins Gemüsebeet. Boden gut feucht halten, eventuell durch Mulchen. Durch Abernten der Triebspitzen verzweigt sich die Pflanze. Samt sich leicht von selbst aus.

Ernte und Konservierung: Triebspitzen und einzelne Blätter laufend, Haupternte kurz vor der Blüte. Wird nur frisch verwendet.

Wirkstoffe und Verwendung: Saponine ohne heilkräftige Bedeutung. Mild-säuerlicher Vitamin-C-Lieferant als Salat, wie Spinat zubereitet oder als Zusatz in Suppen und Eintopfgerichten.

Pimpinelle
(Sanguisorba minor)

Botanisches: Der Kleine Wiesenknopf, so wird er als wildwachsender Bewohner trockener Wiesen genannt, ist ursprünglich im europäischen Mittelmeerraum heimisch. Die nahe Verwandtschaft des Großen Wiesenknopfs *(S. officinalis)* und der Name der Bibernelle *(Pimpinella saxifraga)* führen häufig zu Verwirrungen. Während letztgenannte ein Doldenblütler ist, gehören die beiden Wiesenknöpfe zu den Rosengewächsen.

Das mehrjährige Salatkraut treibt im Mai/Juni aus ihrer Blattrosette rundliche Blütenköpfchen, die eine Höhe von 40 cm erreichen.

Standort: Warm sowie kalkhaltig und frisch, aber durchlässig sollte der Standort sein; insgesamt anspruchslos.

Anbau: Direktaussaat April/Mai oder September in Reihen mit 25–30 cm Abstand; später in der Reihe auf 20 cm ausdünnen. Natürlich kann man auch vorhandene Pflanzen teilen. Blütentriebe zwickt man rechtzeitig aus, damit sich die Wuchskräfte der Blattentwicklung widmen. Im Sommer darf scharf zurückgeschnitten werden, was einen gestärkten Neuaustrieb bewirkt. Mehltaubefallene Teile sind zu entfernen. Nach zwei Jahren sollten die Pflanzen erneuert werden.

Ernte und Konservierung: Junge Blätter kann man laufend ernten. Zur Konservierung sollte man sie bevorzugt einfrieren oder einlegen, in Essig, Öl oder Salz.

Wer die Wurzeln verwenden will, gräbt sie im Oktober aus, wäscht sie und läßt sie trocknen.

<u>Wirkstoffe und Verwendung:</u> Gerbstoffe, Saponine und Flavone sowie viel Vitamin C zeichnen das Kraut aus. Es wirkt verdauungsfördernd, blutstillend und sogar antiseptisch; der Tee (Blätter während der Blüte und Wurzel) wird deshalb für Rachenspülungen verwendet.

Als Gewürz werden die Blätter mit dem gurkenähnlichen Geschmack nur roh eingesetzt, zu Salaten, zum Brotaufstrich, zu Suppen und Soßen sowie Fisch und Eiern.

Tripmadam
(Sedum reflexum)

<u>Botanisches:</u> Das kriechende Dickblattgewächs kommt in Europa von Skandinavien bis zu den Mittelmeerinseln wild vor. Es wächst mehrjährig und zeigt von Juni bis August seine gelben Blütenköpfchen.

<u>Standort:</u> Kalkarme, trockene Stein- oder Sandböden in der Sonne (Abb. siehe S. 15).

<u>Anbau:</u> Flache Direktsaat ab April, später ausdünnen auf Endabstand 20 × 20 cm (kann als Bodendecker dienen); nach dem Aufgang ist Gießen nicht mehr nötig. Bevorzugt einzelne Pflanzen in den Steingarten setzen, die man aus bewurzelten Triebstecklingen gewinnt – oder beim Gärtner zukauft. Verbrei-

tet sich an zusagenden Stellen von selbst.

<u>Ernte und Konservierung:</u> Fleischige Blätter und nicht blühende Triebspitzen können laufend geerntet werden. Sie sind zum Trocknen ungeeignet; bestenfalls einfrieren oder in Essig einlegen.

<u>Wirkstoffe und Verwendung:</u> Mit Gerb- und Schleimstoffen leicht blutreinigende Wirkung in Salaten, Soßen, zu Suppen, Gemüse- und Fleischgerichten; ohne kräftigen Eigengeschmack.

Ein leicht gurkenähnlicher Geschmack und viel Vitamin C zeichnen die Pimpinelle aus.

Vitamine
für die kalte Jahreszeit

Löffelkraut

(Cochlearia officinalis)
Botanisches: Der mehrjährige
Kreuzblütler, der bei uns zwei-
jährig kultiviert wird, ist an den
europäischen Meeresküsten heimisch. Ab Mai des zweiten Jahres erheben sich die Blütenstände mit 30–40 cm Höhe
über das löffelförmige Laub.

Standort: Anspruchslos; frische,
aber lockere, salzhaltige Böden
werden bevorzugt. Verträgt
auch Halbschatten.
Anbau: Direktsaat des Lichtkeimers März/April in Reihen mit
20 cm Abstand; für Winterernte
August/September aussäen und
vor dem Neuaustrieb im Frühjahr mit Reifkompost oder

Ähnliche Kultur, ähnliche
Ansprüche und auch leicht zu
verwechseln: Winterpostelein
(oben), auch als Kubaspinat bekannt, und das Löffelkraut
(links).

Hornmehl düngen, ansonsten
im Juli nach der ersten Ernte.
Kultur ständig feucht halten.
Anbau im Frühbeet oder gar
Gewächshaus erweitert die
Möglichkeiten.
Ernte und Konservierung: Blät-
ter können ganzjährig geschnit-
ten werden, im Winter sogar
aus dem Schnee. Eine Konser-

Zur Vitaminversorgung während der kühleren Jahreszeit, aber auch für Nicht-Gartenbesitzer lassen sich Kresse und viele andere Pflanzenarten am Fensterbrett aussäen, in Schälchen oder als Keimsprossen.

Während des Keimens ist eine Temperatur von 15 bis 18°C nötig. Dazu müssen die Samen zunächst in Wasser aufquellen. Nach Ausbildung der Keimblätter sollte man für möglichst gute Belichtung sorgen, denn dadurch werden die lebenswichtigen Vitamine auf- und die schädlichen Nitrate besser abgebaut. Auch beim regelmäßigen Durchspülen, das für die Wasserzufuhr erforderlich ist, werden unerwünschte Stoffe ausgewaschen.

Folgende Pflanzenarten können ebenfalls im Winter als Keimlinge gezogen werden: verschiedene Bohnenarten, Erbsen und Linsen, Gerste, Hafer, Roggen, Leinsamen, Radieschen, Bockshornklee, Senf, Alfalfa sowie weitere Neuentdeckungen.

Verzehrt werden die Vitaminquellen dann am besten roh, in Salat, Müsli oder eine Quarkspeise gemischt zum Beispiel.

Bitte beachten Sie dazu auch Abbildungen und Text auf S. 26/27.

vierung ist daher unnötig. Sommerliche Haupternte vor der Blüte.

Wirkstoffe und Verwendung: Gerb- und Bitterstoffe sowie Senföle bestimmen Heilwirkung und würzigen Geschmack, der hohe Vitamin-C-Gehalt den Wert des Krauts, vor allem für die kalte Jahreszeit. Der Preßsaft kann zur Verdauungsförderung sowie als Frühjahrskur empfohlen werden. Die frischen Blätter werden zerkleinert wie Kresse zu Salaten oder Brotaufstrichen, Soßen oder Kartoffelgerichten beigegeben. Wegen der Gefahr der Schleimhautreizung empfiehlt sich jedoch kein Verzehr in großen Mengen.

Winterpostelein
(Montia perfoliata)

Botanisches: Das auch als Winterportulak oder Kubaspinat bekannte Portulakgewächs wächst als einjähriges Polster, dessen zierliche Blüten in Kultur erst ab Mai des zweiten Jahres auf den Blättern erscheinen. Zuhause ist das Kraut ursprünglich in Nordamerika. Blätter herzförmig, im Jugendstadium fleischig.

Standort: Frischer, humoser Boden auch in halbschattiger Lage.

Anbau: Keimt nur bei Temperaturen unter 12°C. Flache Direktsaat ab April breitwürfig oder in Reihen mit 15–20 cm

Die Brunnenkresse produziert ihre würzige Schärfe an ständig feuchten Standorten, bis hinein in Teich und Bach.

Brunnenkresse

(Nasturtium officinale)
Botanisches: Das mehrjährige Kohlgewächs ist in Bächen und Tümpeln Europas heimisch. Die ab Mai erscheinenden weißen Blüten können bis zu 60 cm hoch werden.
Standort: Im oder am Rand des Gartenteichs oder -bachs, im Sumpfbeet oder im erdgefüllten Wassertrog – Hauptsache: feucht.
Anbau: Aussaat am besten ab Juni in ständig feuchtes Substrat, Pflanzung an den endgültigen Standort August/September, so daß die Triebspitzen gerade über die Wasseroberfläche herausschauen. In dieser Zeit kann man auch 10–15 cm lange Stecklinge schneiden und in Wasser bewurzeln. Steht die Brunnenkresse alleine, darf sie nach dem Ernteschnitt eine flüssige Düngung erhalten; im Gartenteich ist das nicht zu empfehlen.
Ernte und Konservierung: Bereits ab Oktober des ersten Jahres junge Triebe und Blätter schneiden; dies ist etwa alle 5 Wochen möglich. Am besten bis zum Verbrauch in kaltem Wasser lagern. In klimatisch günstigen Gegenden oder in geschützt aufgestellten Behältern kann den ganzen Winter geerntet werden. Deshalb ist eine schattige Trocknung zum Konservieren meist überflüssig.
Wirkstoffe und Verwendung: Vitamine, Mineralstoffe und das geschmacksbestimmende Senföl regen den Stoffwechsel an und helfen, das Blut zu reinigen.

Abstand; dann muß bis zur Blüte im Sommer geerntet werden. Bei Aussaat August/September ist Winterernte möglich. Kürzere Kulturzeiten in Frühbeet und Gewächshaus. Eine Gabe Reifkompost fördert kräftigen Wuchs. Damit das Laubpolster nicht einfriert, vor dem Winter mit Folien, Reisig oder ähnlichem abdecken.

Ernte und Konservierung: Frische Blätter kann man laufend abzwicken, bei Sommerkultur darf bis zur Blüte mehrfach geerntet werden. Die Blütchen wirken dekorativ und können mit verzehrt werden. Auch bei Winterernte ist ein zwei- bis dreimaliger Schnitt der oberirdischen Triebe möglich. Da sie ganzjährig zur Verfügung steht, ist keine Konservierung erforderlich.,
Wirkstoffe und Verwendung: Wie die meisten Salatkräuter magen- und darmanregend. Wichtiger aber sind der Vitamin-C-Gehalt und der frischsäuerliche Geschmack, womit er sich vor allem für Salate und andere Rohkostgerichte eignet.

Mit dem kresseähnlichen, leicht scharfen Geschmack läßt sie sich gut in Salate und andere Rohkostgerichte mischen. Allerdings: Unkontrollierter Konsum über längere Zeit ist insbesondere Schwangeren nicht zu empfehlen.

Barbarakraut
(Barbarea vulgaris)
Botanisches: Erst im April des zweiten Lebensjahres erheben sich die gelben Kreuzblüten über die Laubrosette und erreichen eine Höhe bis zu 80 cm. Heimat des Krauts, auch als Winterkresse bekannt, ist das südliche Europa.
Standort: Wächst gerne auf frischen, humos-lehmigen und nährstoffreichen Böden im Halbschatten, zum Beispiel am Heckenrand.
Anbau: Direktsaat ab April in Reihen mit 20 cm Abstand oder im August/September für die Ernte mindestens bis zum Tag der Hl. Barbara, am 4. Dezember. Später ausdünnen auf 20 cm in der Reihe. Durch eine Mulchdecke bleibt die Bodenfeuchtigkeit erhalten. Unter einer schützenden Abdeckung ist das Kraut im Winter länger verfügbar.
Ernte und Konservierung: Bei Sommerkultur lassen sich von

Mai bis Juli frisch die gefiederten Blätter und die Triebspitzen gewinnen, auf die Blätter am Blütenstiel jedoch verzichtet man. In der kalten Jahreszeit kann geerntet werden, solange die Blätter zugänglich sind. Sie werden ausschließlich frisch verwendet.

Wirkstoffe und Verwendung: Als Heilpflanze ohne Bedeutung. Das Senföl verleiht dem Barbarakraut einen ähnlichen Geschmack wie Kresse. Das Vitamin C bleibt in rohem Zustand, wie bei Salaten, am besten erhalten. Aber auch die Zubereitung wie Spinat ist möglich.

Bis zum Datum ihrer Namenspatronin (4. Dezember) kann man das Barbarakraut ernten.

Blühende Salate

Borretsch

(Borago officinalis)
Botanisches: Das einjährige
Rauhblattgewächs samt sich so
leicht selbst aus, daß man ihm
die Herkunft von Mittelmeer
und Orient nicht mehr anmerkt.
Die blauen Blütenstände, die
von Juni bis August erscheinen,
werden bis über 1 m hoch und
sind eine beliebte Bienenweide.

Standort: Bevorzugt nährstoffreiche, humose, frische, aber
durchlässige, etwas kalkhaltige
Böden in sonniger Lage.
Anbau: Direktaussaat von April
bis Juni, am besten ins Gemüsebeet mischen; Reihen im
Abstand von 25 cm. Außer
gelegentlichem Hacken und
Gießen bei Trockenheit ist
wenig Pflege notwendig.

Ernte und Konservierung:
Junge Blätter und Blüten ab
Juni laufend für den Frischverbrauch. Die weichen Blätter sind
frostempfindlich und lassen sich
schlecht konservieren. Am
besten funktioniert noch das
Einlegen in Essig.
Wirkstoffe und Verwendung: Vor
allem Saponine sowie Schleim-
und Gerbstoffe bestimmen eine
blutreinigende und herzstärken-
de Wirkung.
Der gurkenähnliche Geschmack
wird gerne roh bei Salaten zugesetzt sowie bei Quarkspeisen,
Kartoffeln, Eiern und Fischgerichten. Eine besondere Attrak-
tion auf jedem Teller sind die
blauen Blütensternchen, die
man mit verzehren kann.

Ringelblume

(Calendula officinalis)
Botanisches: Der einjährige
Korbblütler stammt aus Südeuropa und Asien. Mit seinen
leuchtend gelben und orange-
farbigen Blüten hat er sich im
Ziergarten etabliert. Höhe bis zu
60 cm.
Standort: Größtenteils anspruchslos, durchlässige, kalkhaltige Böden in sonnigen
Lagen werden bevorzugt.
Anbau: Aussaat ab April direkt,
in Reihen mit 25 cm Abstand.
Beliebte Mischkulturpflanze im
Gemüsebeet. Verbreitet sich
selbständig.
Ernte und Konservierung: Blüten kurz nach dem Öffnen abschneiden und trocknen. Junge
Blätter zum Salat, gelbe Blüten-
blätter als Gewürzzutat (Safran-
Ersatz).

**Borretsch-Blätter
schmecken
gurkenähnlich,
seine Blüten
geben eine eß-
bare Garnitur ab.**

Salben-Herstellung: 200 g Vaseline oder Schweinefett schmelzen, eine Handvoll Blüten dazugeben und während des Aufkochens umrühren. Anschließend möglichst vollständig durch ein Sieb pressen.

Wirkstoffe und Verwendung: Ätherische Öle, Saponine und vitaminähnliche Stoffe machen die Ringelblume zu einer wertvollen Heilpflanze. Bei Wunden oder Verstauchungen kann man Umschläge mit Tee machen oder mit Salbe einreiben.

Kapuzinerkresse
(Tropaeolum majus)
Botanisches: Die einjährige Beet- und Balkonpflanze kommt ursprünglich aus Peru.

Die hängenden oder kletternden Formen werden als Polster nicht höher als 30 cm und kommen bereits ab Juni zur Blüte.

Standort: Ziemlich anspruchslos; etwas humos und eher schwer, aber durchlässig sollte der Untergrund sein. Halbschattige Lage wird gut vertragen.

Anbau: Geschützte Vorkultur im April oder Direktaussaat ab Mai, Endabstand 20 × 10 cm. Stickstoffdüngung führt zu mehr Blatt- als Blütenmasse.

Ernte und Konservierung: Laufend frische Blätter und Blüten, zum Konservieren nicht geeignet. Die Blütenknospen (nicht die Früchte!) lassen sich als Kapernersatz in Essig einlegen.

Nicht nur schön, sondern auch eine wertvolle Heilpflanze: die Ringelblume (links).
Die Blüten der Kapuzinerkresse (rechts) schmecken ebenso würzig wie die Blätter.

Wirkstoffe und Verwendung: Senföle und ein reicher Vitamingehalt wirken blutreinigend, fördern die Verdauung und stärken die Abwehrkräfte. Die jungen Triebe werden aufgrund ihres scharf-würzigen Geschmacks gerne zu Salaten oder Brotaufstrichen gemischt. Die Blüten sind nicht nur ebenso geschmackvoll, sondern auch eine aparte Dekoration.

Wildkräuter für Salate

An dieser Stelle muß darauf hingewiesen werden, daß die nachfolgend genannten Kräuter vor allem hinsichtlich ihrer Verwendung beschrieben sind. Wer die Pflanzen nicht sicher bestimmen kann, sollte sich einen guten Pflanzenführer besorgen oder einen kundigen Begleiter mitnehmen, bevor er zum Wildsammeln geht.

Brennessel
(Urtica dioica, U. urens)
Botanisches: Die Wildkräuter mit den Brennhaaren dienen als Leitarten einer ganzen Pflanzenfamilie und sind fast auf der ganzen Welt heimisch. Während sich die Große Brennessel (*U. dioica*, bis 150 cm) vor allem durch unterirdische Ausläufer verbreitet und daraus jedes Jahr wieder austreibt, muß sich die kleine Schwester (*U. urens*, etwa 50 cm hoch) jährlich neu aussäen. Die unscheinbaren Blütenrispen erscheinen ab Juli. Wichtige Nahrungspflanzen für zahlreiche Schmetterlingsarten!
Standort: Die Große Brennessel bevorzugt nährstoffreiche Schuttplätze oder den Gehölzrand, die Kleine dagegen offene Äcker.
Ernte und Konservierung: Junge Triebe fast ganzjährig, Blüten ab Juli, Stengel und Wurzeln im Herbst. Blätter sind frisch am gehaltvollsten, können aber getrocknet werden.
Wirkstoffe und Verwendung: Neben dem Nesselgift und anderen Fettsäuren Vitamine und Mineralstoffe. Sie fördern die Blutbildung, den Stoffwechsel und die Gallesekretion; dies wird unter anderem bei Gicht- und Rheumaleiden eingesetzt (als harntreibender Tee oder Bad). Aus den Stengeln kann man widerstandsfähigen Bast gewinnen und aus den Blättern ein Haarwasser herstellen. Junge Triebe lassen sich wie Spinat als Wildgemüse zubereiten oder sogar in Frühlingssalate mischen. Die Blütenstände gelten in Butter angedünstet als Delikatesse.

Sauerampfer
(Rumex acetosa)
Botanisches: Das mehrjährige Knöterichgewächs erreicht mit den Blütenständen, die von Mai bis Juli erscheinen, 80 cm Höhe.
Für den Anbau werden Kulturformen verwendet oder der Gartenampfer *(R. patientia)*. Diese verfügen über zartere Blätter mit milderem Geschmack. Zur ebenfalls eßbaren Wildverwandschaft gehören

Brennesseln sollte man wuchern lassen, wo sie nicht stören.

**Die Kulturform des Sauer-
ampfers bildet kräftige Blatt-
triebe mit säuerlich-würzigem
Geschmack.**

unter anderem der Kleine
Sauerampfer *(R. acetosella)* und
der Krause Ampfer *(R. crispus)*.
Standort: Feuchte, nährstoffreiche Wiesen auf sauren, humosen, eher schweren Böden.
Verträgt in Kultur auch Halbschatten.

Anbau der Sauer-
ampfer-Kulturform:
Flache Direktsaat von März
bis Mai in Reihen mit 30 cm
Abstand, später auf 30 cm in
der Reihe ausdünnen; auch
Stockteilung möglich. Die
»hungrige« Kultur sollte mit
Mist oder einem stickstoffbe-
tonten Dünger versorgt werden, insbesondere bei mehr-
maliger Ernte. Blütenstände
entfernen, Boden gut feucht
halten. Etwa alle vier Jahre
Pflanzung neu anlegen.

Ernte und Konservierung:
Bereits ab April bis in den No-
vember hinein können laufend
junge Blätter geschnitten werden; Herzblätter belassen!
Ältere Blätter sind aufgrund
ihres hohen Oxalsäure-Gehalts
ungeeignet. Zur Not kann man
die zerkleinerten Blätter in Wasser einfrieren.
Wirkstoffe und Verwendung: Die
appetitanregende und blutreinigende Wirkung verdankt er
dem Vitamin-C-Gehalt, der

Oxalsäure und den Mineralstoffen. Sein säuerlich-frischer
Geschmack paßt gut zu Salaten
und Brotaufstrichen sowie – nur
kurz mitgekocht – zu Suppen,
Soßen und Fleischgerichten.
Sparsam verwenden, manche
Personen reagieren mit Unver-
träglichkeit.

Gänseblümchen
(Bellis perennis)
Botanisches: Die wohl häufigste
einheimische Wiesenblume gehört zur Familie der Korbblütler
und blüht von April bis Oktober.

Standort: Humose, frische, nährstoffreiche Blumenrasen und
Wegränder, bevorzugt in sonniger Lage. Unter dem Namen
»Maßliebchen« als zweijähriger
Frühlingsblüher kultiviert.
Ernte und Konservierung: Fast
ganzjährig junge Blätter und
Blüten, am wertvollsten im
Frühjahr. Trocknung ist möglich.
Wirkstoffe und Verwendung: Die
Saponine sind maßgebend für
die Verwendung als Tee bei
schleimigem Husten. In Frühlingssalaten stoffwechselan-
regend, in Teemischungen blutreinigend.

Giersch

(Aegopodium podagraria)
<u>Botanisches:</u> Gärtnern ist der
einheimische Doldenblütler
vor allem als lästiges Wurzel-
Unkraut bekannt. Die von Juni
bis August erscheinenden weißen Blütenstände werden bis zu
80 cm hoch.
<u>Standort:</u> Ursprünglich Gehölz-
Unterwuchs auf humosen, frischen Böden. Dort kann er
akzeptiert werden, wenn sich
das Wuchern auf benachbarte
Beete verhindern läßt.
<u>Ernte und Konservierung:</u> Lau-
fend frische Triebe, am wertvollsten im Frühjahr. Größere Mengen vor der Blüte ernten und
trocknen.
<u>Wirkstoffe und Verwendung:</u> Die
ätherischen Öle wurden vor
allem in Form von Umschlägen
bei Gicht verschrieben. Heutzutage junge Blätter für Wildsalat-
Mischungen, auch in Suppen
oder als Spinat zubereitet.

**Wenn der Giersch Ärger berei-
tet, ißt man ihn einfach auf.**

**Bärlauch wird am besten vor
der Blüte geerntet. Der Duft
macht ihn unverwechselbar.**

Bärlauch

(Allium ursinum)
<u>Botanisches:</u> Das ausdauernde
etwa 30 cm hohe Zwiebelge-
wächs zeigt schon im April
seine weißen Blüten und verbreitet dabei einen starken,
knoblauchartigen Duft.
<u>Standort:</u> Meist in großer Zahl
im Schatten feuchter, nährstoff-
reicher Laubwälder. Im Garten
Anbau am Gehölzrand möglich.
<u>Ernte und Konservierung:</u> Die
jungen Blätter, am besten kurz
vor der Blüte. Der eindeutige
Geruch sollte die Verwechslung
mit anderen Liliengewächsen
ausschließen. Eine Konservierung ist nicht sinnvoll.
<u>Wirkstoffe und Verwendung:</u> Mit
den schwefelhaltigen ätherischen Ölen, Vitaminen und
Mineralstoffen ähnelt er nicht
nur im Geruch dem Knoblauch.
Die blutreinigende, kräftigende
und desinfizierende Wirkung
kommt am besten roh zerkleinert in Frühlingssalaten oder
Brotaufstrichen zur Geltung,
aber auch Suppen und Gemü-
segerichte werden dadurch
bereichert.

Schafgarbe

(Achillea millefolium)
<u>Botanisches:</u> Fast auf der gan-
zen Nordhalbkugel heimische
Staude aus der Familie der
Korbblütler. Von Juni bis in den
Oktober erscheinen die über
50 cm hohen, weiß bis rosa
getönten Scheindolden über
den feingefiederten Blättern.
<u>Standort:</u> Anspruchslos; trok-
kene Wiesen und Wegränder.
Anbau durch geteilte Stöcke

Eine vielseitige Heilpflanze, auch für Salate geeignet: Schafgarbe (oben). Spitzwegerich-Blätter (unten) können Husten und Wunden heilen.

oder Stecklinge im Frühjahr möglich.

Ernte und Konservierung: Junge Blätter im Frühling für Salate. Weiche, möglichst blühende Triebteile von Juni bis September für den Tee schneiden; zur Aufbewahrung schattig trocknen.

Wirkstoffe und Verwendung: Mischung zahlreicher Wirkstoffe; wurde als blutstillendes Mittel sowohl bei äußeren Wunden als auch zur Regulierung der Menstruation verwendet. Der entkrampfend und entzündungshemmend wirkende Tee unterstützt die Therapie bei verschiedenen Krankheitsbildern, vor allem im Bereich des Magens. Wegen möglicher Unverträglichkeiten vorsichtig einsetzen. In Salaten, Kräuterquark oder auch Suppen bereichern die jungen Blätter jede Frühjahrskur.

Spitzwegerich
(Plantago lanceolata)

Botanisches: Ab Mai erheben sich die bis zu 30 cm hohen Blütenähren mit ihren zarten weißen Staubgefäßen über den Blatthorst. Auch die breitblättrigen Verwandten aus der Wegerich-Familie sind heilkräftig.

Standort: Trockene wie frische Wiesen und Wegränder.

Ernte und Konservierung: Junge Blätter im Frühjahr als Wildgemüse, für den Tee ganzjährig. Dazu werden sie zerkleinert und schattig getrocknet.

Wirkstoffe und Verwendung: Vor allem die Schleimstoffe bestimmen den Wert als Hustenmittel, eingenommen als mit Honig gesüßter Tee oder Saft. Außerdem werden die zerriebenen Blätter zur Wundheilung verwendet. Frische Blätter zur Frühjahrskur in Salate mischen.

Salatkräuter in den Jahreszeiten

Erntekalender – vorwiegend kultivierte Arten (geordnet nach Erntezeit)

Name	Ernte-zeit	Pflanzenteil	Aussaat	Standort (außer Gartenbeet)	mehr-jährig	Pflanzen-familie	Ge-schmack
Kresse *(Lepidum sativum)*	ganzj.	junge Triebe	(ab 3) (ganzj.)	(auch schattig)	–	Kohlgewächs	scharf würzig
Löwenzahn *(Taraxacum officinale)*	3–7 (Winter)	junge/ gebleichte Blätter	5 (Vk. 3-4)	nährstoffreiche Wiesen	x	Korbblütler	mild würzig
Sauerampfer *(Rumex acetosa)*	4–9	junge Blätter	3–5	nährstoffreiche Wiese	x	Knöterich-gewächs	säuerlich frisch
Beinwell *(Symphytum officinale)*	4–9	junge Blätter	3–4	feuchte Wiesen	x	Rauhblatt-gewächs	frisch
Melde *(Atriplex hortensis)*	5–9	Triebspitzen und Blätter	3	»Unkraut«	–	Gänsefuß-gewächs	mild säuerlich
Portulak *(Portulaca olera-cea* ssp. *sativa)*	5–10	junge Triebe und Blätter	5–6	(Wildform = Unkraut auf warmen, sandi-gen Standorten)	–	Portulak-gewächs	mild würzig, säuerlich
Tripmadam *(Sedum reflexum)*	5–10	Triebspitzen und Blätter	4–5	steiniger Boden, Steingarten	x	Dickblatt-gewächs	würzig
Salatrauke *(Eruca vicaria* ssp. *sativa)*	5–11	junge Blätter	4–5	durchlässig, samt selbst aus	–	Kohlgewächs	kresse-artig
Borretsch *(Borago officinalis)*	6–10	jg. Blätter und Blüten	4–6	verwildert im Garten	–	Rauhblatt-gewächs	gurken-artig
Pimpinelle *(Sanguisorba minor)*	6–10	junge Blätter	4–5	trockene Wiesen	x	Rosen-gewächs	gurken-artig
Kapuzinerkresse *(Tropaeolum majus)*	6–11	Blätter und Blüten	5 (Vk. 4)	Baumscheibe	–	Kapuziner-kressen-gewächs	kresse-artig
Löffelkraut *(Cochlearia officinalis)*	6–3	Blätter	8–9	Meeresküste	2jährig	Kohlgewächs	mild würzig
Brunnenkresse *(Nasturtium officinale)*	10–3 (ganzj.)	junge Triebe und Blätter	6	Bach-, Teichrand	x	Kohlgewächs	kresse-artig
Barbarakraut *(Barbarea vulgaris)*	11–3	Triebspitzen und Blätter	8–9	feuchter Gehölz-rand	–	Kohlgewächs	kresse-artig
Winterpostelein *(Montia perfoliata)*	11–4 (6–7)	Blätter	8–9	(halbschattig)	–	Portulak-gewächs	frisch säuerlich

Salatkräuter – vorwiegend wildwachsende Arten (geordnet nach Sammelzeit)

Name	Ernte-zeit	Pflanzen-teil	natürlicher Standort	mehr-jährig	Pflanzen-familie	Geschmack
Gänseblümchen (*Bellis perennis*)	ganzj.	junge Blätter	Blumenrasen	x	Korbblütler	mild würzig
Hirtentäschel (*Capsella bursa-pastoris*)	3–4	junge Blätter	Wiesen u. Wege, Schuttplätze	–	Kohlgewächs	würzig
Bärlauch (*Allium ursinum*)	3–5	junge Blätter	Gehölzrand, Wald	x	Zwiebel-gewächs	knoblauch-artig
Schafgarbe (*Achillea millefolium*)	3–5	junge Blätter	trockene Wiesen	x	Korbblütler	würzig
Bibernelle (*Pimpinella major*)	3–6	junge Blätter	trockene Wiesen	x	Doldenblütler	würzig
Gundermann (*Glechoma hederacea*)	3–6	junge Triebe	Wiesen u. Wege	x	Lippenblütler	würzig, leicht bitter
Bachbunge (*Veronica beccabunga*)	3–9	Triebspitzen und Blätter	Teich-, Bachufer	x	Braunwurz-gewächs	mild würzig
Wegwarte (*Cichorium intybus*)	4–5	junge Blätter	Wegränder	x	Korbblütler	etwas bitter, frisch
Guter Heinrich (*Chenopodium bonus-henricus*)	4–5	junge Blätter	Weiden, Schuttplätze	–	Gänsefuß-gewächs	säuerlich
Knoblauchshederich (*Alliaria officinalis*)	4–5	junge Blätter	Weg- und Gehölzrand	2jährig	Kohlgewächs	knoblauch-artig
Giersch (*Aegopodium podagraria*)	4–6	junge Blätter	Gehölz-Unter-wuchs (Wurzel-unkraut	x	Dolden-blütler	säuerlich, würzig
Spitzwegerich (*Plantago lanceolata*)	4–6	junge Blätter	Wiesen u. Wege	x	Wegerich-gewächs	mild, schw. salzig
Brennessel (*Urtica dioica, U. urens*)	4–6 (–11)	junge Triebe und Blätter	nährstoffreiche Unkrautecke	x	Brennessel-gewächs	aromatisch
Taubnessel, Weiße (*Lamium album*)	4–8	junge Triebe und Blüten	Wegränder	x	Lippenblütler	schmack-haft
Sauerampfer (*Rumex acetosa*)	4–11 (wild)	junge Blätter	nährstoffreiche Wiesen	x	Knöterich-gewächs	säuerlich frisch
Odermennig (*Agrimonia eupatoria*)	6–9	blühende Trieb-spitzen	magere Wiesen, Gehölzrand	x	Rosen-gewächs	würzig

1–12 = Monate des Jahres / Januar–Dezember   Vk. = geschützte Vorkultur

Heilkräuter in Kultur

Kamille

(Chamomilla recutita)

Botanisches: Das einjährige Ackerunkraut stammt ursprünglich aus Südosteuropa und zeigt ab Mai bis in den Oktober die typischen gelben Blütenköpfchen mit den zurückgeklappten weißen Strahlenblättern. Es gibt mehrere Zuchtsorten mit besonders hohem Wirkstoff-Gehalt.

Standort: Bevorzugt lehmige, aber durchlässige Ackerböden oder Schuttplätze in sonniger Lage.

Anbau: Direktsaat im April oder September breitwürfig oder in Reihen mit 30 cm Abstand, bei Bedarf später auslichten. Boden durch Hacken offenhalten.

Ernte und Konservierung: Blütenköpfchen, sobald sich die weißen Strahlenblätter senken, am besten bei sonnigem Wetter. Zur schonenden Trocknung luftig ausbreiten.

Wirkstoffe und Verwendung: Die Bedeutung der ätherischen Öle, Flavonoide und Cumarine zur Heilung von Entzündungen und Wunden ist allgemein bekannt. Der Tee beruhigt einen verkrampften Magen, als Umschlag heilt er aber auch äußerliche Beschwerden, und ein Dampf-

Ein Kennzeichen der Echten Kamille: die zurückgeklappten weißen Blütenstrahlen.

bad lindert Entzündungen der Rachenschleimhäute.

Baldrian

(Valeriana officinalis)

Botanisches: Die weiß bis rosa getönten Blütendolden (Mai bis August) des Baldriangewächses erreichen Mannshöhe (siehe Abb. S. 31).

Standort: Humose Ufer von Bächen, feuchte Wiesen und Waldränder, im Garten auch sandig-trocken. Steht gerne halbschattig.

Anbau: Aussaat des Lichtkeimers ab April; am besten gekaufte Staude in Kräuterbeet oder an den Gehölzrand pflanzen. Kompostdüngung wird begrüßt. Vor Wurzelernte Blütentriebe ausbrechen.

Ernte und Konservierung: Im September/Oktober Wurzeln kräftiger Pflanzen ausgraben, putzen und zerkleinert trocknen, bei niedriger Temperatur auch im Backofen.

Wirkstoffe und Verwendung: Die ätherischen Öle und Alkaloide verursachen die schon fast sprichwörtliche beruhigende Wirkung. Der Wurzeltee hilft entsprechend bei Schlaflosigkeit, nervöser Unruhe und ähnlichem.

Aus den zerkleinerten Blüten bzw. dem daraus gepreßten Saft bereiten biologisch-dynamische Gärtner einen Extrakt. Durch sorgfältiges Einrühren von einem Tropfen pro Liter (Regen)Wasser soll eine Spritzbrühe mit vielerlei Wirkungen entstehen: Förderung der Blütenbildung und des Kompostierungsprozesses, Keimanregung durch ein Samenbad sowie Schutz gegen Spätfröste.

Alant

(Inula helenium)

Botanisches: Die mächtige, ursprünglich im vorderen Orient heimische Staude ist in unseren Wäldern und Bauerngärten eingebürgert. Von Juni bis September zeigt sie in bis über 2 m Höhe ihre gelben Korbblüten mit den dünnfaserigen Strahlen.

Standort: Humose, tiefgründige, frische Böden in Sonne bis Halbschatten.

Anbau: Am besten geschützte Vorkultur ab Mitte März, auspflanzen ab Mai mit 50 × 50 cm Abstand. Gerne am Zaun

**Aus den Wurzeln des mächtigen Alants (links) wird ein Hustentee bereitet.
Bei der Wilden Malve (rechts) beinhalten die Blätter die Wirkstoffe.**

zwischen Bauerngarten-Stauden. Darf reichlich mit Kompost und anderen organischen Düngern versorgt werden.
Ernte und Konservierung: Im Oktober/November, eventuell auch im Frühjahr Wurzeln ausgraben, nach dem Säubern längs teilen und luftig trocknen, danach verschlossen aufbewahren.
Wirkstoffe und Verwendung: Ätherisches Öl und viel Inulin

sowie Bitterstoffe fördern den Stoffwechsel und können Hustenreiz stillen. Früher ein Allheilmittel, ist heute Husten die häufigste Indikation. Dazu wird aus den getrockneten Wurzelteilchen ein Tee zubereitet.

Malve
(Malva sylvestris)
Botanisches: Die Wilde Malve, auch Käsepappel oder Algier-Malve genannt, blüht in der Regel ab Mai des zweiten Vegetationsjahres (rosa bis violett) und wird dabei bis über 1 m hoch. Mehrere einheimische Artverwandte besitzen ähnliche Heilkräfte.
Standort: Humose, durchlässige Weg- und Feldränder, im Garten gerne sonnig vor Mauern und Zäunen.

Anbau: Aufgrund der Pfahlwurzel am besten (nach Vorquellen) Direktaussaat von April bis Juni ohne weiteres Verpflanzen, breitwürfig, später auf etwa 30 × 40 cm ausdünnen. Anspruchslos, auch im offenen Stauden- oder Gemüsebeet.
Ernte und Konservierung: Junge Blätter im Frühling, Blüten mit Stiel ab Juni sammeln und schattig, aber luftig trocknen.
Wirkstoffe und Verwendung: Schleim- und Gerbstoffe machen Malventee (mehrere Stunden ziehen lassen, gurgeln) zu einem reizmildernden Mittel bei Husten und Entzündungen der oberen Luftwege. Äußerlich auch bei Hautausschlägen. Die Blätter können als Gemüse zubereitet werden.

Nur aus scharlachroten Rassen der Monarde stellt man den erfrischenden Tee her.

Eibisch

(Althaea officinalis)

<u>Botanisches:</u> Dieses ausdauernde Malvengewächs vom östlichen Mittelmeer wird etwas höher als die Wilde Malve und entwickelt von Juni bis August seine blaßrosa Blüten.

<u>Standort:</u> Frischer, humoser, eher lockerer Boden in warmer, sonniger bis halbschattiger Lage.

<u>Anbau:</u> Aussaat ins Saatbeet ab April, verpflanzen ab Juni oder im Herbst auf 40 × 40 cm. Auch Legen von Wurzelstücken im Frühjahr möglich. Boden feucht halten.

<u>Ernte und Konservierung:</u> Blühendes Kraut im Sommer, schonende Trocknung möglich. Vor allem aber Wurzeln im November (frühestens des zweiten Jahres) ausgraben, waschen und zerkleinert trocknen, z.B. bei milder Hitze im Backofen.

<u>Wirkstoffe und Verwendung:</u> Die Schleimstoffe lösen beim Gurgeln des Tees (in kaltem Wasser ziehen lassen) Reizzustände der oberen Luftwege.

Goldmelisse

(Monarda didyma)

<u>Botanisches:</u> Der ausdauernde Lippenblütler aus Nordamerika hat sich unter unseren Zierstauden etabliert. Für Heilzwecke allerdings nur scharlachrote Rassen verwenden. Die »Indianernessel« wird über 1 m hoch, von Juni bis Oktober erscheinen die auch für Bienen attraktiven Blütenetagen.

<u>Standort:</u> Humose, frische, nährstoffreiche Gartenböden in vorwiegend sonniger Lage.

<u>Anbau:</u> Die Naturform ist schwer zu bekommen. Am besten Kopfstecklinge oder Wurzelausläufer im Frühjahr mit 40 × 40 cm Abstand setzen. Regelmäßig mit Reifkompost versorgen. Nach drei Jahren Staude teilen und erneuern.

<u>Ernte und Konservierung:</u> Frische Blätter laufend, Haupternte während der Blüte, dann luftig trocknen.

<u>Wirkstoffe und Verwendung:</u> Mit Hilfe des Anthocyans, der Gerb- und Bitterstoffe entsteht ein erfrischender, verdauungsanregender Tee.

Engelwurz

(Angelica archangelica)

<u>Botanisches:</u> Obwohl ausdauernd, wird der in ganz Europa heimische Doldenblütler nur wenige Jahre alt. Die imposanten Blütenstände, ab Juli des zweiten Jahres, werden bis 2,50 m hoch.

<u>Standort:</u> Tiefgründige, nährstoffreiche und feuchte, aber durchlässige Böden in sonniger bis halbschattiger Lage.

Anbau: Aussaat im September/Oktober im Freiland oder Frühbeet. Pflanzung an den eigentlichen Standort im nächsten Frühjahr; in der Regel genügt eine Pflanze, sonst 80–100 cm Abstand. Nur mit völlig ausgereiftem Kompost abdecken.
Ernte und Konservierung: Ab Juli junge Blätter und Triebe als Gewürz. Wurzeln frühestens im Herbst des zweiten Jahres ausgraben und der Länge nach aufgeschnitten trocknen.

Himmlische Verdauungsförderung: Engelwurz (links). Die Mariendistel (rechts) kräftigt die Leber und schmeichelt den Augen.

Anschließend zerkleinert in einem Gefäß aufbewahren.
Wirkstoffe und Verwendung: Durch ätherische Öle, organische Säuren und Bitterstoffe beruhigende und appetitanregende Wirkung für Magen und Darm. Aus den Wurzeln bereitet man dazu einen Tee oder einen Kräutergeist. Kraut und junge Triebe lassen sich zum Würzen und sogar als Gemüse verwenden. Die geschälten Stengel können in Zuckerwasser zu Kompott gekocht werden.

Mariendistel
(Silybum marianum)
Botanisches: Das einjährige, bis zu 1,50 m hohe Distelgewächs aus dem Mittelmeerraum übersteht bei milder Witterung auch einen Winter. Von Juni bis

August erheben sich über den stechenden, marmorierten Blättern die Korbblüten.
Standort: Durchlässiger, eher magerer Gartenboden in voll besonnter Lage.
Anbau: Aussaat ab März ins Frühbeet oder ab Mitte April ins Saatbeet. Nach den Eisheiligen mit 30 × 40 cm Abstand auspflanzen. Attraktiver Mischkultur-Partner im Gemüsebeet.
Ernte und Konservierung: Möglichst reife Samen bevor sie ausfallen vom weißen Flaum abtrennen. Gut abtrocknen lassen.
Wirkstoffe und Verwendung: Bitterstoff und ätherisches Öl hauptsächlich in der Samenschale. Der Tee aus den Samen wirkt kräftigend für die angeschlagene Leber.

85

Wildwachsende Heilkräuter zum Sammeln

Schafgarbe
(Achillea millefolium)
siehe S. 78

Spitzwegerich
(Plantago lanceolata)
siehe S. 79

Beinwell
(Symphytum officinale)
<u>Botanisches:</u> Das ausdauernde Rauhblattgewächs ist bei uns heimisch und wird bis 1,50 m hoch. Seine von Mai bis August erscheinenden Blütenbüschel sind eine beliebte Insektennahrung. Der Comfrey *(Symphytum peregrinum)* besitzt noch wertvollere Inhaltsstoffe als der Gewöhnliche Beinwell, ist aber bei uns nicht heimisch.
<u>Standort:</u> Vollsonnige Lage auf feuchten, nährstoffreichen, tiefgründigen Böden; auch Halbschatten.
<u>Anbau:</u> Im April Wurzelstöcke 5 cm tief in die Erde setzen, mit 50 × 50 cm Abstand. Nach

Umstritten, aber in der Naturheilkunde unersetzlich: der Huflattich.

Der Beinwell heilt Wunden und gibt auch einen schmackhaften Spinat ab.

dem Anwurzeln sorgt Reifkompost oder ein anderer organischer Dünger für eine kräftige Entwicklung. Eine Mulchschicht hält den Boden feucht.
<u>Ernte und Konservierung:</u> Junge Blätter kann man während der Vegetationsperiode laufend ernten. Die Wurzeln

älterer Pflanzen werden am besten von April bis Mai oder Oktober/November ausgegraben und gewaschen. Der Länge nach geteilt trocknen sie am raschesten. Danach verschlossen aufbewahren.

Wirkstoffe und Verwendung: Mit wertvollem Eiweiß, Vitaminen, Alkaloiden, Gerb- und Schleimstoffen ein äußerst vielseitiges Heilkraut. Die Blätter lassen sich schmackhaft anbraten oder wie Spinat servieren. Sie werden zum Mulchen, Verfüttern und für Düngejauchen (siehe Seite 97) benutzt, aber auch für heilsame Umschläge bei Verstauchungen, Wunden oder gar

Rheuma. Wirkungsvoller hierfür ist jedoch ein Brei aus den Wurzeln. Für Heilzwecke werden auch gerne Salben (in Lanolin-Öl) oder Branntwein-Tinkturen hergestellt.

Huflattich
(Tussilago farfara)
Botanisches: Mit ihren gelben, 20–25 cm hohen Korbblüten von Februar bis April ist die einheimische Staude eine der frühesten Blüher im Jahr. Erst danach erscheinen die Blätter, die an Pestwurz erinnern.
Standort: Kalkhaltige, toniglehmige, aber auch geröllreiche Böden, bevorzugt in der Sonne. Gerne Weg- und Heckenränder sowie Schutthaufen.
Anbau: Eventuell nach der Blüte Pflanzen in den Garten holen oder geschützte Aussaat im Februar mit späterer Auspflanzung. Breitet sich an zu-

sagenden Standorten durch Ausläufer aus!
Ernte und Konservierung: Blüten im Februar/März, vor allem aber junge Blätter von Mai bis Juli sammeln und zerkleinert trocknen.
Wirkstoffe und Verwendung: Schleim- und Bitterstoffe machten den Huflattich zu einem bewährten Hustenmittel; der Tee wirkt reizmildernd und schleimlösend bei Erkältungen der Atmungsorgane. Allerdings nicht in größeren Dosen oder über längere Zeit zu sich nehmen, insbesondere bei Schwangerschaft! Die jungen Blätter können auch als Gemüse verarbeitet werden.

Königskerze
(Verbascum densiflorum)
Botanisches: An den bis 2,50 m hohen Stengeln, die sich im zweiten Jahr aus der wollig behaarten Blattrosette erheben, gehen im Sommer nacheinander die zahlreichen kleinen, gelben Blütenkelche auf. Das Braunwurzgewächs mit der kräftigen Pfahlwurzel muß sich danach wieder neu aussamen.
Standort: Kalkhaltige, eher durchlässige Böden in sonniger, windgeschützter Lage.
Anbau: Aussaat ins Saatbeet oder direkt im Juni/Juli, verpflanzen eventuell im Herbst.
Ernte und Konservierung: Die voll ausgebildeten Blüten sind

Die Blüten der Königskerze müssen regelmäßig abgesammelt werden.

empfindlich – ausschließlich vormittags in trockenem Zustand regelmäßig absammeln und schattig trocknen! Anschließend in einem dunklen Gefäß aufbewahren.

<u>Wirkstoffe und Verwendung:</u> Vor allem die Schleimstoffe zeichnen für die Wirkungen bei Atemwegserkrankungen verantwortlich. Der Tee hat sich besonders bei trockenem Husten bewährt. Als Öl angesetzt, eignet sie sich auch als Mittel bei neuralgischen Beschwerden.

Die lustigen Gesichtchen des Ackerstiefmütterchens scheinen wie geschaffen, um Kinderkrankheiten zu lindern.

Stiefmütterchen
(Viola tricolor)

<u>Botanisches:</u> Das wildwachsende Acker-Stiefmütterchen entwickelt ab Mai des zweiten und letzten Lebensjahrs ihre bunten Blütengesichtchen, die wesentlich kleiner sind als bei den Gartenzüchtungen. Bis etwa 30 cm hoch wird das Veilchengewächs.

<u>Standort:</u> »Unkraut« auf durchlässigen, frisch-humosen Äckern, Wiesen und Schuttplätzen in sonniger bis halbschattiger Lage.

<u>Anbau:</u> Aussaat ab April, Pflanzung im Herbst.

<u>Ernte und Konservierung:</u> Das blühende Kraut von Mai bis September schneiden und trocknen. Danach zerkleinern und verschlossen aufbewahren.

Die Wurzeln sind noch gehaltvoller. Gute Konservierung auch im alkoholischen Auszug.

<u>Wirkstoffe und Verwendung:</u> Harntreibend und blutreinigend durch Saponine und ein Flavonglykosid. Teezusatz bei einigen Kinderkrankheiten sowie bei Gicht und Rheuma.

Klette
(Arctium lappa)

<u>Botanisches:</u> »Große Klette« heißt der zweijährige Korbblütler genaugenommen: Er wird bis 1,50 m hoch, wenn ab Juli die kugeligen Blüten mit den »klebrigen« Widerhaken erscheinen.

<u>Standort:</u> Durchlässige, humose Böden in sonniger Lage. Gerne an Weg- oder Heckenrändern, auf Äckern oder Schuttplätzen.

Nicht nur Ärgernis in der Woll-kleidung, sondern auch wertvol-le Heilpflanze: die Klette (oben). Eigentlich ein Straßenbaum, aber als Heilpflanze unverzicht-bar: die Linde (unten).

Anbau: Direktsaat im Juni/Juli.
Ernte und Konservierung: Wur-zeln ab Oktober des zweiten Jahres ernten. Nach dem Säu-bern zerkleinert trocknen, even-tuell bei kleiner Hitze im Back-ofen.
Wirkstoffe und Verwendung: Ätherisches Öl, Gerb- und Schleimstoffe sowie viel Inulin haben eine vielseitige Verwen-dung bewirkt. Der Tee wirkt gallenanregend sowie blutreini-gend. Umschläge bei Wunden und Geschwüren gehören ebenso zum Spektrum wie ein Haarwasser. Junge Triebe kön-nen sogar als Gemüse verzehrt werden.

Linde
(Tilia cordata)
Botanisches: Ein allgemein be-kannter Baum, der über 30 m hoch wird. Ab Juni erscheinen die duftenden, gelblichen Blü-tenbüschel. Die Winterlinde *(T. cordata)* ist etwas häufiger als die großblättrigere Sommer-linde *(T. platyphyllos)*.
Standort: Tiefgründige, humose Böden. Heimisch in warmen Mischwäldern.
Anbau: Frühjahrs- oder Herbst-pflanzung, eventuell als Haus-baum. Für die meisten Gärten heutzutage zu groß.

Ernte und Konservierung: Blü-ten mehrmals einzeln abernten, möglichst rasch nach dem Auf-blühen, mitsamt dem Blattfähn-chen. Anschließend vollständig trocknen und in dunklem Gefäß verschlossen aufbewahren.

Wirkstoffe und Verwendung: Ätherische Öle sowie viele Schleimstoffe bestimmen den Wert. Der Tee ist bei verschleim-ten Luftwegen angesagt, noch mehr aber zum Schweißtreiben bei Erkältungen.

**Brombeerblätter (links) werden gerne in Tees gemischt.
Die Zuchtform des Frauenmantels (rechts) ist nicht heilkräftig.**

Brombeere

(Rubus fruticosus)

<u>Botanisches:</u> Stacheliger, bis 2 m hoher Beerenstrauch, der zum Verwildern neigt. Blüte von Mai bis August, Früchte bis in den November hinein.

<u>Standort:</u> Humose, durchlässige Böden in sonniger bis halbschattiger Lage. Natürlich in Lichtungen und Gehölzrändern. Gerne auch auf schottrigen Kahlflächen.

<u>Anbau:</u> Im Frühjahr oder Herbst bewurzelte Sproßteile (Absenker usw.) oder junge Büsche pflanzen.

<u>Ernte und Konservierung:</u> Für Heilzwecke junge Blätter im Frühjahr ernten und zerkleinert trocknen.

<u>Wirkstoffe und Verwendung:</u> Gerbstoffe und Vitamin C machen Brombeerblätter zu einem wertvollen Bestandteil von Haustee-Mischungen, bei Fieber ebenso wie bei Magenbeschwerden.

Frauenmantel

(Alchemilla xanthochlora, syn. *vulgaris)*

<u>Botanisches:</u> Ab Mai erheben sich die gelblich-grünen Blütenbüschel des ausdauernden Rosengewächses über den attraktiven Blättern. In der Natur selten über 30 cm, werden die Horste der Gartenform bis 50 cm hoch.

<u>Standort:</u> Feuchter, humoser Boden in sonniger bis halbschattiger Lage. In der Natur auf nährstoffreichen Bergwiesen und in der Nähe von Bachufern.

<u>Anbau:</u> Geschützte Anzucht Februar/März. Die Gartenform wird in schattigen Staudenbeeten oder am Rand des Gartenteichs als Bodendecker geschätzt, ist aber nicht heilwirksam.

<u>Ernte und Konservierung:</u> Blätter und Blüten ab Mai bis in

den Sommer ernten und zerkleinert schattig trocknen.
Wirkstoffe und Verwendung:
Wie der Name andeutet, machen ihn Gerbstoffe und verwandte Substanzen zu einem speziellen Heikraut für Frauen. Der Tee wird vorwiegend bei Menstruations- und Unterleibsbeschwerden eingesetzt sowie bei der Geburtsvorbereitung. Außerdem wirkt er heilend bei Entzündungen verschiedener Art.

Johanniskraut
(Hypericum perforatum)
Botanisches: Genaugenommen »Getüpfeltes« Johanniskraut, wegen der durchscheinenden Punkte auf den Blättern. Die Staude aus der gleichnamigen Pflanzenfamilie wird bis 1 m hoch und zeigt von Juni bis September leuchtend gelbe Blüten mit zarten Staubfäden, die an Sonnenstrahlen erinnern. Verwandte Arten als Bodendekker. (Abb. siehe S. 10.)
Standort: Durchlässige Böden in sonnig warmen Lagen. Gerne an Weg- und Gebüschrändern, auch Schuttplätze.
Anbau: Geschützte Vorkultur ab Februar/März oder Direktsaat in gut vorbereitetem Saatbeet ab April; im Frühjahr oder Herbst Pflanzen setzen.
Ernte und Konservierung:
Blühendes Kraut um Johanni

(24. Juni) handhoch abschneiden und schattig trocknen. Die Wirksamkeit ist am besten, wenn man es in Öl ansetzt.
Wirkstoffe und Verwendung:
Hauptwirkstoffe sind ein ätherisches Öl, ein Gerbstoff sowie Harze. Das Öl eignet sich äußerlich zur Wundheilung und bei rheumatischen Beschwerden. Der Tee wirkt beruhigend und wird sogar gegen Depressionen eingesetzt. Längerer Gebrauch

ist allerdings nicht zu empfehlen: Johanniskraut verursacht eine starke Empfindlichkeit gegen Sonnenstrahlen.

Herstellung des Öls Etwa 25 g des getrockneten Krauts werden fein verrieben und in einen halben Liter Olivenöl eingemischt. 3 bis 5 Tage lang läßt man diesen Ansatz in der offenen, lichtdurchlässigen Flasche gären, bevor sie verschlossen und in die Sonne gestellt wird. Nach etwa 6 Wochen sollte sich das Öl rot färben. Dann darf man es abseihen – dabei den Rückstand kräftig auspressen – und zur Aufbewahrung in eine dunkle Flasche verschließen.

Aus Johanniskraut wird durch den Auszug in Olivenöl eine heilsame Essenz bereitet.

Kräuter für die Hausapotheke

Name	Ernte-zeit	Pflanzen-teil	Natur-standort	mehr-jährig	Anbau	Verar-beitung
Atmungsorgane (Husten usw.)						
Malve *(Malva sylvestris)*	4–7	junge Blätter und Blüten	sonniger Wegrand	2jährig	A. 6	Tee
Spitzwegerich *(Plantago lanceolata)*	4–10	Blätter	Wege u. Wiesen	x	–	Tee
Huflattich *(Tussilago farfara)*	5–7 (2–3)	junge Blätter (Blüten)	Wegränder, Schuttplätze	x	(A. 2, Pfl. 5)	Tee
Thymian *(Thymus vulgaris)*	5–8	junge Triebe	(trocken, warm)	x	Pfl. 5	Tee
Salbei *(Salvia officinalis)*	5–9	Blätter	(durchlässig, warm)	x	Pfl. 4–5	Tee
Königskerze *(Verbascum densiflorum)*	7–8	Blüten	sonnig und durchlässig	2jährig	A. 6–7	Tee
Anis *(Pimpinella anisum)*	8–9	Samen	(Garten, sonnig)	2jährig	A. 4	Tee
Alant *(Inula helenium)*	10–11	Wurzeln	Wegrand	x	Vk.3–4, Pfl. 5	Tee
Eibisch *(Althaea officinalis)*	11 (6–8)	Wurzeln (blüh. Kraut)	–	x	Vk. 4, Pfl. 6	Tee
Erkältungen						
Brombeere *(Rubus fruticosus)*	4–5	Blätter und Blüten	Gehölzrand	Strauch	Pfl. 4 od. 10	Tee
Linde *(Tilia cordata)*	6–7	Blüten	Wälder, Alleen	Baum	Pfl. 4 od. 10	Tee
Pfefferminze *(Mentha × piperita)*	6–9	Blätter	feuchte Böden	x	Pfl. 4–5	Tee
Kamille *(Chamomilla recutita)*	6–11	siehe »Magen/Verdauung«				Tee
Magen/Verdauung						
Schafgarbe *(Achillea millefolium)*	6–9	Triebspitzen	trockene Wiesen	x	(Pfl. 5)	Tee
Kamille *(Chamomilla recutita)*	6–10	Blüten	offene Ackerböden	–	A. 4	Tee
Goldmelisse *(Monarda didyma)*	6–10	Blätter und Blüten	Gartenbeet	x	Stecklinge 4	Tee

Kräuter für die Hausapotheke (Fortsetzung)

Kümmel (Carum carvi)	7–8	Samen	Wiese, Gartenbeet	2jährig	A. 5–8	Tee, Gewürz
Knoblauch (Allium sativum)	8–9	Wurzelknollen	mittlerer Gartenboden	(x)	Stecken 3–4 od. 8	Gewürz
Fenchel (Foeniculum vulgare)	8–10	Samen	Gartenbeet	x	A. 4	Tee
Engelwurz (Angelica archangelica)	9–10	Wurzel	feuchte Wiesen, Gehölzrand	x	A. 10, Pfl. 4	Tee, Kräutergeist
Blutreinigung						
Stiefmütterchen (Viola tricolor)	5–9	blühendes Kraut mit Wurzeln	Äcker und offene Böden	2jährig	A. 6–7	Tee
Klette (Arctium lappa)	10–11	Wurzeln	Schuttplätze	2jährig	A. 6–7	Tee
Löwenzahn (Taraxacum officinale)	4–8	Blätter	Wiesen	x	Vk. 3–4, Pfl. 5	Tee
Nerven (Beruhigung)						
Zitronenmelisse (Melissa officinalis)	5–10	Triebspitzen und Blätter	Gartenbeet	x	Pfl. 4–5 (Stecklinge)	Tee
Lavendel (Lavandula angustifolia)	6–7	Triebspitzen mit Blütenknospen	Gartenbeet	x	Pfl. 4–5 od. 10 (Stecklinge)	Tee/ Bad
Johanniskraut (Hypericum perforatum)	um 24.6.	blühendes Kraut	Weg- und Gehölzrand	x	A. 4	Tee
Fenchel	8–10	siehe »Magen/Verdauung«				Tee
Baldrian (Valeriana officinalis)	9–10	Wurzeln	feuchte Wiesen und Ränder	x	A. 4–5	Tee
Wunden						
Beinwell (Symphytum officinale)	4–5 od. 10–11 (5–10)	Wurzeln (Blätter)	feuchte Wiesen	x	Pfl. 5	Brei für Umschläge oder Salbe
Spitzwegerich	4–10	siehe »Atmungsorgane«				Blätter f. Umschläge
Schafgarbe	6–9	siehe »Magen/Verdauung«				
Kamille	6–10	siehe »Magen/Verdauung«				Tee für Umschläge
Klette	10–11	siehe »Blutreinigung				

1–12 = Monate des Jahres; A. = Aussaat; Vk. = geschützte Vorkultur; Pfl. = Pflanzung

Wildkräuter für den Pflanzenschutz

Acker-Schachtelhalm
(Equisetum arvense)
<u>Beschreibung</u>: Mehrjähriges
»Unkraut« auf offenen, feucht-
schweren Böden. Bis April nur
Sporentriebe, danach tannen-
artige Gestalt.
<u>Ernte:</u> Oberirdische Triebe von
Mai bis August – enthalten viel
Kieselsäure.

Rainfarn
(Tanacetum vulgare)
<u>Beschreibung</u>: Über den farn-
artigen Blättern stehen den
ganzen Sommer gelbe, über
1 m hohe Blütendolden.
Wächst gerne an trockenen
Weg- und Gehölzrändern oder
Böschungen.
<u>Ernte und Verwendung</u>: Die
oberirdischen Triebe enthalten
unter anderem das giftige Thu-
jon und können im Juli/August
geerntet werden.

Wurmfarn
(Dryopteris filix-mas)
<u>Beschreibung</u>: Der mehrjährige
Farn trägt trichterförmige, bis
1 m lange, doppelt gefiederte
Blattwedel, an deren Unterseite
im Sommer die Sporen sitzen.

Standort im Schatten von Laub-
wäldern.
<u>Ernte und Verwendung</u>: Die In-
haltsstoffe der Wedel vertreiben
Würmer und anderes Ungezie-
fer. Ernte von Juni bis September.

Brennessel
siehe Seite 76

Beinwell/Comfrey
siehe Seite 86

Kamille
siehe Seite 82

**Die Kieselsäure des Schachtel-
halms stärkt die Widerstands-
kraft anderer Pflanzen.**

Die Austriebe des Wurmfarns bilden die anmutigen »Bischofsstäbe«.

Der Rainfarn hat mit den Farnen nur das gefiederte Laub gemeinsam und gehört zur Gattung *Tanacetum*.

Knoblauch
siehe Seite 57

Meerrettich
siehe Seite 58

Wermut
siehe Seite 61

Zwiebeln
siehe Seite 56

Herstellung der Präparate

Jauche

In einem nicht-metallischen Behälter in Regenwasser einweichen. Nach ein bis vier Wochen lassen die unangenehmen Gerüche nach – die Gärung ist abgeschlossen.

Stark verdünnt kann die Jauche auch über die Blätter versprüht werden.

Kräuterpräparate sichern ein gesundes und üppiges Wachstum.

Düngejauchen

Pflanze	Zubereitung	Frischmasse pro Liter	Verdünnung	Nährstoffe
Acker-Schachtelhalm	Brühe	100–200 g	1:10	Kieselsäure
Brennessel	Jauche	100 g	1:(10–20)	Stickstoff Spurenelemente
Beinwell/ Comfrey	Jauche	100 g	1:20	Stickstoff Spurenelemente
Kamille	Kaltwasserauszug	50 g	1:5	allg. kräftigend

Kräuterpräparate gegen Schädlinge und Krankheiten

Pflanze	Zubereitung	Frischmasse pro Liter	Verdünnung	Wirkung gegen
Acker-Schachtelhalm	Brühe	150 g	1:5	Pilzkrankheiten
Brennessel	Kaltwasserauszug	100 g	unverdünnt	Blattläuse
Eiche	Jauche aus Blättern	100 g	1:(5–10)	Schadinsekten, auch Ameisen
Kamille	Tee aus Blüten	10–20 g	unverdünnt	zur Samenbeize, kräftigend
Knoblauch	Tee	10 g	1:10	Pilzkrankheiten
Meerrettich	Brühe aus Blättern	50 g	unverdünnt	Obst-Monilia
Rainfarn	Tee	30 g	1:(2–3)	saugende Insekten, auch Milben
Wermut	Jauche	30 g	unverdünnt	saugende Insekten, Raupen, Ameisen
Wurmfarn	Brühe od. Jauche	100 g	1:10	saugende Insekten
Zwiebel	Tee aus Schalen	10 g	unverdünnt	Pilzkrankheiten

Brühe
Pflanzenteile 24 Stunden in Wasser einweichen, dann bei kleiner Hitze 20 bis 30 Minuten in einem großen Topf aufkochen. Nach dem Abkühlen absieben und je nach Bedarf verdünnen.

Kaltwasserauszug
Pflanzenteile 24 Stunden in kaltem Wasser stehen lassen, auswringen und absieben, bevor Gärung einsetzen kann.

Tee
Zerkleinertes Kraut mit kochendem Wasser übergießen, etwa 15 Minuten zugedeckt ziehen lassen und absieben.

Register